THE END OF MONEY

Counterfeiters,

Preachers,

Techies,

Dreamers—

and the Coming

Cashless

Society

直到贝壳消失
新消费时代的支付革命

戴维·沃尔曼◎著

魏瑞莉◎译

四川人民出版社

图书在版编目（CIP）数据

直到贝壳消失：新消费时代的支付革命/（美）戴维·沃尔曼著；魏瑞莉译. -- 成都：四川人民出版社，2020.2
书名原文：The End of Money: Counterfeiters, Preachers, Techies, Dreamers--and the Coming Cashless Society
ISBN 978-7-220-11515-8

Ⅰ.①直… Ⅱ.①戴… ②魏… Ⅲ.①支付方式—研究 Ⅳ.①F830.73

中国版本图书馆CIP数据核字（2019）第261880号

ZHIDAO BEIKE XIAOSHI XIN XIAOFEI SHIDAI DE ZHIFU GEMING

直到贝壳消失：新消费时代的支付革命

戴维·沃尔曼　著

责任编辑	杨　立　罗　爽	
出　版	四川人民出版社	
策　划	杭州蓝狮子文化创意股份有限公司	
发　行	杭州飞阅图书有限公司	
经　销	新华书店	
制　版	杭州真凯文化艺术有限公司	
印　刷	杭州钱江彩色印务有限公司	
规　格	880×1230毫米　32开	
	7.75印张　185千字	
版　次	2020年2月第1版	
印　次	2020年2月第1次印刷	
书　号	ISBN 978-7-220-11515-8	
定　价	58.00元	
地　址	成都槐树街2号	
电　话	（028）86259453	

目录

 传教士 ...I

 送信者 ...27

几个月前，我来到了马来西亚的首都吉隆坡，受邀在那里参加了一场一年一度的货币大会，感觉就像是深入了龙潭虎穴。每年这时候，行业代表、政府官员和技术专家都会聚集在某个五星级豪华大酒店，谈论关于"钱"的事情，就是那种能实际感知的钱——现金。他们会在大会这几天讨论和研究那些常见的问题，比如发行、安全、生产、分配、设计等。可能你不会相信，他们邀请我参加了其中一场专题研讨会，甚至还允许我自由发挥，当然前提是我的评论要适当结合当天的主题——"支付环境的未来"。

我有些紧张，这个地方挤满了人，他们的身份和职业都依赖于一个理念，那就是：现金对文明极其重要，并且社会将继续保持这种重要性。在谈话开始前，我有一瞬间的恍惚，仿佛整件事都是假象，在场的所有人的西装口袋里都藏了西红柿，等我上台的一瞬间，他们就会将西红柿全部向我扔来。

然而现实是，我白担心了，在这里完全没有需要恐慌的理由。会场的人们无比热情，整场谈话也很振奋人心。除此之外，在这场研讨会上，我还第一次了解到，斐济储备银行最近发行了一种 7 元面值的纸币。虽然现在我和来的时候一样对现金持否定批评态度。不过仔细一想，世界上居然有 7 元纸币？天哪，那真是太棒了。

从更广泛的层面上来说，我不能说我赞同货币大会参会者们花费时间所做的大部分事情（虽然出现了有些奇特的钞票面额），也不赞同他们认为这样那样的新聚合物就能代表货币未来的信念。大会发言人坚持认为现金是具有"复原能力"的；他在报告中说，现金的使用趋势"并不是一片惨淡"，并且在他大谈"如何在市场衰退中保持竞争力"时，我真的暗自偷笑了。这些话并不是处于什么行业领先位置的专业用语，更不要说是为发展做准备了。

但是我依然学到了很多。其中一个启发，或者说对一个古老而又珍贵的观念的一种新的诠释，就是二元思维很愚蠢。现金与无现金。我觉得这可以作为电台广播中一场短暂的伪辩论的有用缩写。但是这个框架会招来不计后果的简化，从而损害我们理智思考复杂问题的集体能力。举个例子，移动货币支持者会大谈特谈穷人的财务生活以及数字工具能够起到的帮助作用，而现金守卫者则会以几乎相同的方式来考虑无银行账户人群的需求。与其让这两个群体互相对抗，为什么不考虑从共同的目标出发，让他们达成合作呢？事实上，在谈到货币和交易时，我们必须承认并且接受各种复杂事物的多样性：交易安全、政府资金、信任心理学、金融服务的获取、货币的摩擦与冲突等等。只有到了那个时候，我们才能解决当前最棘手的问题，那就是让货币以各种你想要的形式更好地服务更多的人。

　　说到这里，我需要再讲一个观点：数字货币不是灵丹妙药。它不会神奇地修复经济不公正问题，更不会缓解全球气候变暖、抵御疾病或者给叙利亚带来和平。而且坦白说，虽然本书大部分内容都在探索和赞扬新的交易方式和关于货币的新奇想法，但是那些持续不断困扰公司、银行、政府、基础设施经营者的黑客问题让我比开始写作本书时更担心数字经济的复原能力。

　　不过有转折。正如你将在后文中看到的那样，数字货币绝对有潜力成为，并且在很多方面已经成为这个世界的积极改变的一个载体。要想见证积极变化及其戏剧性的连锁反应，没有比中国更好的地方了。比如说，想想中国移动支付市场的规模有美国的 50 倍那么大。中国非现金交易的年增长率达到了惊人的 40%。2016 年，中国非现金交易价值在全世界排名第 4 位，电子货币交易量仅次于欧洲、巴西和美国。2017 年春季，美国塔夫茨大学弗莱彻法律和外交学院的研究人员与万事达卡国际组织合作发布了一项研究成果，考察全球数字产业发展情况，并重点研究数字经济的竞争力与信任度。排名靠前的是瑞士和北欧国家，但是中国"在数字经济发展和动力的变化速度方面再次排在所有国家前面"。

　　所有这一切都说明，关心数字化趋势、经济以及这二者交集的人都应该考察中国的发展情况。这个国家作为数字货币创新者和人本科技文化的地位，是现在（指 2017 年）与 2010 年底我开始创作这本书时的主要区别之一（就算这不是中文再版的序言，我也会这么说）。现在与当时的第二个区别是人们对新外币期权的兴趣和热情比我预期的更为广泛。未来几年内，我们将会见到越来越多的技术，让消费者可以实时利用外汇期权。不仅包括中央银行发行的货币，还包括加密货币。

　　不过，本书的大部分内容即使时隔数年，依然具有现实意义。其中提到的某些新闻事件或参考的企业和创新也许时效性不太强，但是我希望能够让你产生共鸣、吸引你读下去的是那些想法，而不是那些时间点。你可能还会不时停下来思考，然后重新思考你对货币及其运行方式的理解。因为实际上我们生活的这个时代并不是以货币的终结、货币大会参与者与推崇移动的技术人员为标志的。相反，我们会看到人们对货币现在与将来的性质的狭隘认知走向终结，并且要共同努力来理解这对我们的子孙后代有什么意义。

给中国读者

写于 2017 年 8 月

戴维·沃尔曼

2009年圣诞节前夕，奥马尔·法鲁克·阿卜杜勒穆塔拉布（Umar Farouk Abdulmutallab）开始了他的旅程。他以为这次旅程会把他从今生带到来世。他只带了一个粗呢小包，在内裤里藏了制作塑胶炸药的原料。如果不是这个满怀抱负的人肉炸弹有些笨拙和迟疑，如果没有几位乘客和机组人员的高度敏感，西北航空公司的253号航班可能已经在安大略省的沃特福德上空某个地方爆炸了。

就在八天前，法鲁克站在西非某个机场售票柜台前。他拿出2381美元的现金，购买了一张从尼日利亚首都拉各斯飞往美国底特律的单程机票，中间在阿姆斯特丹转机。请原谅我对全球反恐怖主义内部工作机制和航空公司订票机制的无知，虽然原因一定会激怒美国公民自由联盟（ACLU）、避税民间组织、美国财政部，但是我还是要问一句：在"9·11"事件之后的时代，除了骗子和恐怖分子，谁还会用2381美元现金去买一张飞到世界另一端的单程机票啊？想想这么做会损失多少里程积分！

钱并不代表什么，也许对少数幸运的人来说的确如此。但对绝大多数人来说，钱当然代表很多，它可以撕破、点燃，甚至还可以穿戴。它也是痴迷、询问、渴望、懊恼、高兴、蔑视、好奇及其他所有能想象得到的情感的对象。金钱也有不同的表现形式：信用卡、借记卡、支票、汇款单、彩票、礼品卡、迪士尼纸币、远程服务器上的二进制 0 和 1，以及至少目前来说，那些长方形的纸币和圆形的硬币，它们被经济学家称为主权货币的实体形式，我们则称它们为现金。

几年前，我无意中听到一些故事，有的是关于制造硬币以及在经济中维护它们的成本，有的则是一些专家建议美国废除硬币。一位麻省理工学院的科学家创立了废除硬币公民协会（Citizens for Retiring the Penny），并且在几年之内就无处不在，成为电视台和杂志争相报道的对象，包括《60 分钟》（*60 Minutes*）、美国国家公共广播电台（NPR）、《纽约时报》（*New York Times*）、《今晚世界新闻》（*ABC World News Tonight*）、《波士顿环球报》（*Boston Globe*）、《科尔伯特脱口秀》（*The Colbert Report*）等。他的谈话观点广为人知，包括硬币对时间和材料的浪费、废除硬币对经济的潜在益处，以及研究表明的抹掉价格零头不会伤害消费者。

这些辩论让我意识到，我对硬币还是有些感情的，可能是因为小时候吃过的一个牌子的口香糖和一个叫鲍勃的波士顿人。20 世纪 80 年代初，我哥哥和我从学校坐火车回家时，经常会在街角的一个商店停留，那个店叫作"鲍勃的沃班新闻"。在老板鲍勃一边抱怨波士顿红袜队，一边给吧台的老顾客们准备咖啡时，孩子们就会出出进进，来买雪糕或者糖果条。我们身上有硬币的话，就会在店里的那个盒子那儿试试运气。

这个盒子安装在收银台上面，就在墙壁和天花板的交接处，大概有40厘米宽。它没有顶，里面放了一个铃铛。如果你往上抛时，硬币没有进盒子，或者更倒霉，硬币进了盒子，却没有碰到里面隐藏的铃铛，你就什么都得不到。如果你的硬币碰到铃铛，就能赢得一块口香糖，更不要说那种荣誉感了。叮！如果我们终止硬币的流通，这样的游戏还能玩吗？人们又拿什么扔进许愿池呢？

然而目前，除了硬币收藏者之外，似乎没有人喜欢硬币，这也许就能解释为什么超市外面的硬币兑换机每年处理的硬币数量比美国铸币局一年制造的硬币总量还要多。美国财政部一位不愿意透露姓名的经济学家跟我说："我讨厌硬币。为什么要让它们存在呢？"其中一个答案是，那些硬币是为了纪念亚伯拉罕·林肯。但是也许国庆假期、巨大的纪念碑以及纸币（紫色的5美元纸币）上他的头像足以纪念他了。有些人可能还会说，把他的头像放在什么都买不到的多余的硬币上面，这本身就是对这位第十六任总统的侮辱。

尽管我很怀念鲍勃的小店和那些砖块一样的口香糖，但是终止硬币流通的合理原因还是引起了我的共鸣。在美剧《白宫风云》中提出过这种观点的人被嘲笑了，但是我认为，为了避免观点不受重视，他们应该呼喊得再大声一些。我为《连线》（Wired）杂志写过一篇文章，呼吁人们不仅要告别硬币，而且应该彻底告别实体货币。我的态度非常坚决，没有一点犹豫。"在这个时代，当书籍、电影、音乐和报纸都从原子级转变为比特级时，货币依然保持着令人烦恼的原始形式。实体货币是一种庞大的、滋生细菌的、碳排放量极高的、昂贵的交换媒介。我们应该舍弃它。"

　　读者的反应如何呢？相当热烈。"沃尔曼是个法西斯分子……夺走货币就像是夺走我们的枪支；只有在失去后，人们才会懂得珍惜。"还有人说："我的钱是我自己的事。"我还被人指责收了秘密利益集团的钱，为他们写文章，并且说我牺牲了"最后一点隐私"，这样"银行和信用卡公司才能挖掘我们的每一笔交易"。

　　我触动了公众的痛处。人们会为了钱去杀人，我们知道这一点。但是我听到的那些话让我想到，人们可能会为了保住钱而去杀人。这让我有些疑惑：到底什么是现金？简单的回答是，现金是小小的金属圆片和各种纸片，上面装饰着各种颜色的已经逝去的一些白人的头像，还有含义隐晦的信息，让人目瞪口呆。但是它在我们的经济、文化和思想中占据了什么样的位置？我们真的离不开它吗？我们应该终结现金吗？

　　虽然关于现金终结的预言像信用卡一样由来已久，但是关于纸币和金属货币的发展状况却层出不穷：对国家货币的不信任、新奇的支付工具、对政府债务的担忧、移动通信的胜利、虚拟货币和替代货币的兴起、对环境问题的顾虑等等。

　　本书介绍了最广为理解的货币形式，它的衰退过程如何，并探索了众多场所、人物和观点，以提供未来货币发展的一些线索。你将在本书中了解不同人物对现金、现金的阴谋、现金在我们的生活中起到的作用等问题的广泛见解。他们会被一些人视为先知，而对另外一些人来说却是怪人。但是所有这些有远见的人的观点都只是让你开始思考，或者对那些如此重要、看似理所当然的问题产生怀疑。他们也许会让你相信，一场货币革命的锣鼓已经敲响。

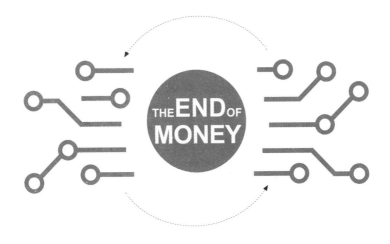

第一章

传教士

金钱虽然沉默，但它会骂脏话。

——鲍勃·迪伦

大概早在公元 800 年，纸币就在中国诞生了。不过直到元朝，也就是 13 世纪初，统治者才开始用纸币取代硬币。大约 100 年后，当马可·波罗看到这种货币制度时，他瞪大了双眼。中国皇帝的铸币厂"掌握了完美炼金的秘诀"，他写道。为了用纸币取代硬币进行流通，执政当局会分发印着数字的纸片，纸片上的数字与安全储存起来的一把硬币价值相当。这些纸片并不是之前人们所理解的那种真正的货币，但不管怎么样，它们得以流通了。

　　这种由桑树制成，带有官方标记或印章的特殊纸片，开始大量地流通，这不仅让国家变得更加富足，也促进了贸易的发展。当远近的人们广泛地接受了同一种交易媒介，交易的机会就会以指数上升。皇帝肯定了这些纸币的流通性，同时也规定了可以用它来兑换硬币。只要你愿意，你可以随时把纸币换成硬币。

　　马可·波罗在他游记中那篇从标题来看并不像谈论经济的章节里写道："大可汗（忽必烈）将树皮做成像纸一样的东西，而且还当成货币在他的国家进行流通。"他描述了这种奇怪的做法，并表示这种做法看似是魔术，却并非是在耍花招。然而，这位探险家明白，对于那些远在欧洲的读者来说，这些解释可能远远不够。"因为不管我怎么说，你们永远都不会相信我说的是有理有据的事实。"马可·波罗说，我可不是在骗你。纸币这东西可是极好的！

让这个纸质货币系统行之有效的关键因素有两个：一个是强制性；另一个是可兑换性。为了进一步增强民众对纸币以及发行部门的信任，纸币上的文字注明了它们的永久有效性。在最近BBC的一次采访中，英国央行行长默文·金（Mervyn King）尝试着解释了"永久价值"的含义。他说，纸币"实际上是一种隐性合约，人们接受它，是因为他们相信在未来几年或几十年内，它仍然可以保值。纸币本身只是一张纸，并没有什么内在价值"。他说，纸币的价值是由其背后发行机构被认可的稳定性决定的。如果公众对那些发行机构有信心，就会如常接受和使用纸币；如果公众的信心破灭，货币就会暴跌，经济就会瘫痪。

如今，纸币上印着高级华丽的语句已经不足为奇。甚至可以说，纸币上没有高呼爱国主义的词句才奇怪。但是对于生活在元朝的人来说，纸币完全是新技术。人们相信纸币的可兑换性和永久有效性（对了，如果他们不信就可能被处以死刑），这让皇帝的新货币"得以在他的王国、行省和属地内被广泛使用"。

"钱"到底是什么？

我们时时刻刻都在思考钱的问题。我们考虑的永远是就业、退休、经济状况、大学学费、恐怖主义拨款、与中国的贸易平衡、高盛集团，以及赶紧跑去自动取款机取点儿钱。但我们从来都不考虑，货币到底是如何运作的。在这个时代，政府频频给出大额的银行救助资金，美联储（像施魔法一样）印出数量更大的新货币，货币的运作已经变得如此抽象，对我们这些并非研究货币政策的普通人来说，它似乎已经遥不可及。

但是我们认为自己了解现金。它是真实的，至少真实到你可以拿着它，闻到它的气味，然后在摸完它之后想要洗手。纸币和金属硬币是我们童年时的珍宝，是牙仙子塞在枕头下面的，是溺爱我们的外婆偷偷塞到手里的，我们把它们都放在一个安全的、带锁的彩色盒子里，只为了能攒够钱买一个新玩具。虽然货币在教科书中的定义非常枯燥——交换媒介、记账单位、贮藏手段和延期付款方式——但正是通过现金，我们认识了货币，并与这种推动文明进步的伟大发明建立了联系。即使是那些兜售债务抵押债券的华尔街金融家，在听到"货币"这个词时，在一定程度上想到的也是一堆印有本杰明头像的100美元。

（顺便提一下，金钱的语言很容易被误解。你可能在自动取款机顺便取一些现金，但是当你在《华尔街时报》上读到英特尔或波音公司拥有大量现金时，显然那说的并不是实际的纸币和硬币，而是指流动资产——可以随时使用的资金。在本书中，当我使用"现金"时，我指的是有形货币实体。我有时候也会混着使用"硬通货""有形货币"或"实体货币"，它们指的是同一个意思。当我用"金钱"或"货币"时，除非特别指出，否则我是笼统地指实体和电子形式的货币。）

我们成年人的大脑会纠结于货币的分配不当、通货膨胀以及其催化矛盾的倾向，但是孩提时代对手拿现金的渴望依然会盘踞在我们心中某个角落，这让我们保留了一些单纯思维。这也许可以解释为什么看到地上有1美分时，我们会产生一丝下意识的冲动，然而这种冲动很快就会被我们更强大的理性战胜：我们非常清楚，1美分，甚至是10美分，本身都不值多少钱，而且还在变得越来越不值钱。经济学家会告诉你，花时间捡这 1 美分根本不值得，而且你弯腰捡这 1 美分没准会让你的背部受伤，这就更不值得了。

虽然我们对鲁莽行事的银行家或联邦预算满是怨言，但是我们却是现金的忠实信徒。我们甚至还崇拜它。你可能在生活中并不信上帝或佛祖，但是却非常相信钱。我并不是说你像某些混蛋一样觊觎钱，而是说你相信货币的价值。你之所以相信它，是因为其他人都相信它；这意味着我们对它的信任也是对彼此的信任，对一个共同目的，或者说至少是对一个共同的幻觉的信任。仅仅通过使用国家货币，我们就全都成了"金钱"这个独特宗教的信徒。

这种信念对经济学家来说乏味无趣，他们正忙着计算赫芬达尔 – 赫希曼指数（HHI，一种衡量产业集中度的指数）和角谷静夫不动点定理，或者正在绞尽脑汁想办法要在抑制通货膨胀的同时降低失业率。不过，把钱放在显微镜下，它会揭示一个让人既惊讶又赞不绝口的秘密：它的价值是生还是死，全都由我们的大脑来决定。就像讽刺作家库尔特·图霍夫斯基（Kurt Tucholsky）曾经说的那样："货币之所以有价值，是因为它被人们广泛接受，而它被广泛接受也正是因为它有价值。"在这个咒语被解除之前，它会一直如此。

令人觉得讽刺的是，忽必烈可汗成功发行的纸币恰恰也使元朝的经济陷入困境。元朝统治者没有经受住让历代货币发行者和小学生都备受煎熬的一种诱惑：如果所有人都觉得纸币兑换成金属货币很麻烦，那为什么不多印一些纸币呢？你几乎能想象到可汗的大臣们这样进言：

> 陛下皇恩浩荡，纸币既出，普天之下，无人不从。
> 庶民并无兑换银两之意，何不加印银票，虽增发十倍，
> 亦无大患。

但是，信仰是个很脆弱的东西。各种事情都会播种下怀疑的种子：战争、自然灾害、伪造、银行破产等是最常见的元凶。对于大可汗来说，罪魁祸首就是经济体中新货币的泛滥。如果只需要加印从来不会被质疑的纸币就可以增加财富，那么几乎没人能拒绝。然而，货币系统必须存在一定的稀缺性，或者说能够被感知到的稀缺性。当可汗的纸币缺失了稀缺性后，人们手中纸币的价值，或者说纸币的购买力就会突然暴跌，纸币体系也就崩溃了。这种情况在几个世纪之后再次重现，这次发生在欧洲。

刻有"野兽印记"的无现金交易

一个寒风凛冽的十二月的早晨，在佐治亚州东北部一个名叫鲍曼的小村庄，格伦·盖斯特（Glenn Guest）走进了一家普通的餐馆。他点了一份培根鸡蛋松饼，给自己倒了一杯咖啡，然后坐下来开始讨论反基督教的问题。这家店叫吉姆烧烤店，以前开在路边，是一家地理位置很好的餐馆，但是一场大火之后，店主把店搬到了现在这个位置，只有一个棕色的小谷仓，并配以绿色的装饰。当地人穿着连体工作服或迷彩衣，在去家禽场或附近的花岗石铸造厂上班的路上，会走进来聊聊佐治亚大学斗牛犬橄榄球队的比赛，吃点儿用塑料泡沫盘子盛着的炒蛋、香肠、粗玉米粉和饼干。

　　盖斯特是附近丹尼斯维尔镇希洛浸礼会教堂的牧师。他基本上每周都会去一次吉姆烧烤店。虽然他经常会跟人谈论《圣经》，但他并不是一个固执己见的传道者。

　　"我并不是说我比一般人聪明，绝对不是。"这位59岁的佐治亚州人慢条斯理地说道，他还经常在句子开头和结尾加上一句"上帝保佑"。他穿着蓝色牛仔裤和深蓝色法兰绒衬衫，外面套着黑色大衣。他的灰色胡子经过精心修剪，深灰色的头发在白天大部分时间都梳理得整整齐齐。

　　盖斯特并不相信那些说自己知道耶稣重返人间的准确日期和时间的人。"不过那一刻当然会到来，"他说，"这些事情一定会发生。"然后他又说："要是你不太喜欢吃玉米粉的话，我觉得，再加点儿盐，你会更喜欢吃的。我喜欢多放盐。"

　　我听他的话多加了一点盐，不过还是觉得玉米粉比不上黄桃馅饼好吃。盖斯特接着又说，所有人都可以看到《圣经》和《启示录》里传达的那些信息。耶稣会回来的；对于没有信仰的人来说，这些事实很可怕；一切都已经在我们生活中慢慢显现。很多迹象都已经非常明显，其中一个就表现在货币上。

　　盖斯特随身携带一个皮箱，上面有两个带拉链的袋子，他在里面装了一本带有他批注的詹姆斯王《钦定版圣经》、一些杂乱的文件，以及一个小小的褐红色电子设备，看起来就像一本外语词典。这是一个圣经段落定位器，可以按关键字进行搜索。

　　当我问他关于现金与世界末日的联系时，盖斯特并不需要查阅任何资料。他把紧握着的双手放在可折叠餐桌边缘，背诵起了《圣经》中最富有力量和教育意义的一段话，将我们口袋里的钱跟撒旦的宏伟计划联系在一起。

几年前，盖斯特写了一本书，书名叫作《迈向野兽印记》（*Steps Toward the Mark of the Beast*）。当我在网上找到这本书时，我认为他也许能够帮助我理解为什么世界上有这么多人不愿意看到无现金社会的到来。"我当时并不想写那本书，"他说，"真的不想。但是上帝想让我写，所以我就祷告，希望他能帮助我，让我把这本书写得通俗易懂。"在这本书中，盖斯特解释道，在审判日到来之前，撒旦妄图取代上帝的方式之一就是控制商业。现金交易是匿名的，而且难以追踪，这意味着终结现金交易将会帮助野兽掌控经济统治大权。

"一旦撒旦控制了商业，我们将会进入一个完全封闭的经济体系。"盖斯特说。只有那些刻有"野兽印记"的人才能参与商业活动，如果说"野兽的印记"不在他们前额的话，那也许他们的皮肤下就藏有植入微芯片。这样一来，一切交易都会被撒旦知道。从他的超级系统中，撒旦也能知道你是不愿意接受这种印记的。那么，接下来他会把你和其他所有拒绝合作者变成"经济上不存在的人"，这样你们就会无法买卖，由此将你们踢出社会，让你们无法获得食物和住所。

盖斯特告诉我，在西班牙的一个度假村，客人可以在皮肤下植入一个微芯片，让交易变得更加简单，这很有可能也是为了诱使客人在吧台过度消费。（毕竟穿着比基尼不方便带钱包。）这听起来就像科幻电影《银翼杀手》（*Blade Runner*）中的场景。盖斯特关于商业被控制的担忧并非杞人忧天。2010 年冬天，《纽约时报》的一篇社论回应了这个预言，针对万事达信用卡、维萨信用卡、贝宝等支付巨头终止了对维基解密的支付交易，该社论说："少数几家大银行可能会切断它们看不顺眼的某家公司的所有交易，这本质上相当于把这家公司从全球经济中踢了出去。"

　　我告诉盖斯特，我最近在东京的日立公司见到了一些电子专家，他们正在研发用于无缝交易的生物识别设备。其中一项技术依靠的是人指尖血管的独特三维模式。你只需要用手指触碰收银机、自动售货机或者地铁闸机，你就能够快速结账，甚至不用停下脚步。我没有告诉盖斯特我迫不及待想看到这些技术投入使用。如果它们具备足够完善的隐私权管理系统，并且假设在一定时间内不会引发世界末日，那么我很难把这些技术视为不安定因素。

　　我有点不情愿告诉盖斯特我支持数字化，因为很多人把现金的匿名性看成是一种近乎神圣的优点，就像现金等同于自由一样。当你用现金买东西的时候，其他人很难知道你做了这件事。你可能依然会得到收据，但是这次购买行动是由你来掌控的。跟信用卡相比，当你使用现金来买毒品、给你的情妇买情人节神秘礼物或者支付一群无证移民工人的工资时，你可以确信这些交易不会被跟踪，至少不会由于支付方式本身而被追踪到。（如果店内有监控，就另当别论了。）

　　在电影《少数派报告》（*Minority Report*）中，汤姆·克鲁斯饰演的男主角在走过公共场所时看到多个针对他个人的广告，这归功于特制摄像头通过他眼睛的虹膜模式对他进行了准确定位。（事实上，这个摄像头认错了人，因为他用的是一双偷来的眼睛，不过请听我继续讲下去。）那些广告非常符合他的个人品味，我推断这是根据男主角大量的消费记录得出的。大多数人都不太喜欢这种想法，它越过了谷歌执行主席埃里克·施密特（Eric Schmidt）所说的"令人毛骨悚然的界线"。我们还会担心我们的电子足迹，因为那些信用卡交易的数据可能会被身份盗贼窃用。如果坚持使用现金的话，你就不太可能会成为受害者。

　　盖斯特对电子货币的相关技术也有所了解。20世纪70年代初，他在美国海军服役时，曾经在佛罗里达州的基韦斯特保养和维修大陆与海上舰队之间无线电报的编码与解码器。从那以后，他一直密切关注着无线通信方面的发展，尤其是非现金交易核心技术的发展。他说，正是这些工具在为现金的终结铺路。

在基韦斯特的某个夜晚，盖斯特开始信仰上帝。带着新的信仰，他和妻子搬回到佐治亚州的乡村，也就是他们的故乡。盖斯特加入了牧师队伍，并且开始穷尽全力告诫那些愿意倾听的人们当末日最终到来时会发生什么。他解释说，大部分人都没有注意到的一点是：重大灾难的缓慢预备阶段可以被伪装成进步和发展。就像从硬币到纸币，到支票，再到信用卡，以及现在从信用卡到支付技术的转变一样，"野兽印记"可能看起来像是另一项好的创新。

盖斯特说，这种幻觉在意料之中，因为撒旦是很狡猾的。"想象一下，你的所有个人信息都被植入到皮下芯片里，比如说你的右手背上。如果你生病了需要去离家很远的医院就医，那么医生可以通过这个芯片来认识你，了解你的身体状况。这些信息能够挽救你的生命。"盖斯特推断，人们可能会因为没有芯片而死掉，这就迫使剩下的人们得出这样的结论：国家层面或者国际层面的一些生物识别系统既精明，又符合道德。从那时开始，完全的数字化商业几乎就板上钉钉了。

但是，消除现金仅仅是往"野兽印记"发展的最新一步。盖斯特解释说，之前的步骤包括废除金本位制*、建立联合国、华尔街银行的势力日益增强、发明条形码，以及最近使用发射无线电频率的微芯片来追

---

* 金本位制就是以黄金为本位币的货币制度。在金本位制下，每单位的货币价值等同于若干重量的黄金（即货币含金量）——编者注

踪商品，等等。

如果盖斯特可以随心所欲的话，我们会回到金本位制，或者其他类似制度，一个货币有"真正价值"的制度。"人们认为一张美元纸币的价值是这么多。因为人们相信这一点，所以你还可以用它来兑换商品和服务。我可以在 1 美元上面印上'1 个篮球'，这样并不会让它变成一个篮球。"盖斯特说，钱不再有任何内在价值，但是，用现金的话，不管它有多少缺点，我们至少得以维护撒旦渴望消除的那种自由。"

又一位客人打开前门，屋顶上挂着的发光的雪花纸片随着门口吹进来的一阵风摇摆起来。

从交易中诞生的"货币"概念

在人类历史的大部分时间里，货币是不存在的。原始部落或村庄的首领会给他们的下属分配哪些人干什么活，哪些人吃什么，以及哪些人得到什么东西。如果人们想要更多长矛、女人或者房子，他们就会跟其他村庄斗争，希望最后能够打赢，获得更多资产。如果输了的话，他们就不得不自己制作更多长矛，生更多孩子。

这种无商业社会在当时运作良好。从北极圈到澳大利亚内陆，当地人依靠这种模式成功地分配了商品，分摊了劳作和财富。并不是说这种生活轻松。他们通常不得不依靠铁腕领袖、奴隶制度来使社会顺利运转，还要克服各种困难，比如收集自己需要的木柴、猎取食物、搭建住所，以及防御那些抢夺他们各类有限供给的劫掠者。

货币这种技术的出现源于交易的需要。一些科学家推断，交易动力甚至是人类进化规划中的一部分。如果你坐拥一堆白菜，但是却冻得瑟瑟发抖，而我带着多余的动物皮毛，却饥肠辘辘，难道我们不会本能地看到交换对双方都有利吗？我们来交换吧！

用你的食物来换我的皮毛是各取所需，皆大欢喜，但是这种形式的交换取决于一个条件，就是英国经济学家威廉姆·斯坦利·杰文斯（William Stanley Jevons）的有名术语"需求的双重巧合"（double coincidence of wants）。如果因为现在是夏天，你不想用你的西红柿换我的皮毛，我们就做不成交易。除非我们能想出其他我可以给你的东西，而你也知道这个东西在四个小时或者四个月以后进行再交易时，别人愿意接受。我们需要的东西就是货币。

海豚和黑猩猩都绝对不可能画出毕加索的画，谱写交响曲，或者创作十四行诗。音乐和艺术通常是区分人类和其他动物的范例。货币也是。虽然它不被视为人类聪明才智的结晶，而只是被当作一个邂逅的表兄弟。我们应该跟它保持一臂距离，只有在不得已的时候才去触碰它，然后继续考虑那些能丰富我们精神的努力。

如此狭隘的货币观念掩盖了它内在的神奇和促使文明发展的力量。在这一点上我们可以跟经济学家们学一学。他们只看到了货币是多么精良而又令人费解，而我们在对待货币时是多么有创造性，又多么愚蠢和热情。也许经济学家比任何人都明白，货币是虚构之物，而整个金融体系都支撑在这个通过社会构建出来的钢针顶上。听起来也许很吓人，但是它同时也意味着货币可以成为我们想让它成为的任何东西。只要我们全都认可，那么在 1 美元上印上"1 个篮球"，它就真的可以成为 1 个篮球。

几千年来，货币有各种各样的形态，有可以拿在手上的，也有挂在杆子上的：羽毛、贝壳、椰子、黄油、盐、鲸鱼牙齿、原木、可可豆、烟草、鱼干、牲畜，还有大如汽车的石板。在雅浦岛上，至今还有一些密克罗尼西亚人把像桌子一样大的石碑当作货币来用，不过它们现在的主要功能似乎是作为经济学家最喜欢的一个例子，用来说明有些货币很古怪和任意，以及用来解释物品本身并不需要移动，就可以发挥货币的职能。

需要移动的，是对物品所有权的理解。价值之所以可以在物品不发生任何移动的情况下转移，是因为参与交换的人们对这一点不介意。如果说有什么东西能够实现这一功能的话，那就是货币。"货币代表纯粹的相互作用。"著名的德国哲学家格奥尔格·齐美尔（Georg Simmel）在其著作《货币的哲学》（*The Philosophy of Money*）中写道，"它是一个个体的东西，本质意义是超越个体。"货币就是做货币该做的事情。

货币的绝妙之一就是让我们得以专注做一件事。如果你觉得自己现在已经很忙了，那么再想象一下除了每日的工作以外，你还得自己种地，准备所有的食物，给房子提供暖气，自己缝制所有的衣服，教育你的孩子，给自己做手术，组装自己的电脑，给自己拍摄电影，并且自己写书。通过促成交易，货币帮你省下了做这些事的麻烦。就像资本主义教父亚当·斯密（Adam Smith）曾经说过的那样："人总是需要别人的帮助，必须通过某种方式来获得他们的帮助。"多亏有了货币，无论我们在个人职业中挣到什么，它们都能够或者说应该能够交换到我们需要的物品，而且对那些足够幸运且有能力负担更多的人来说，还能够交换到我们想要的物品。

但是即使是早期的货币形式，在几千年前硬币还未出现时，交换媒介是可用物品还是纯粹代表性物品已经慢慢被区分开了。人们既可以轻松地清点奶牛的数目，又可以喝它们的奶，吃它们的肉。然而，除非你是一只红色的鸟，否则红色的羽毛对你来说就没有任何内在价值。在羽毛或石碑这样的货币形式里，我们能看到现代现金的先驱：如果对它们的价值缺乏集体的信赖，它们就一文不值。

随着经济发展，早期货币的不足越来越突出。首先，很难找到两个一样的羽毛、贝壳或鲸鱼牙齿。即使你试图将交易限制在相似的物品上，还是会遇到交易单位缺乏标准化的问题。而且，这些物品的供应量也不受限制。突然出现的货币供应过剩会削弱所有现有同类物品的价值，而货币供应不足则会迫使人们寻找新的、更加暴力的手段来获取物品和服务。

这种原始交换体系的另一个问题就是货币会腐化。如果羽毛开始掉毛，或者陪嫁的五头奶牛突然病倒了怎么办？货币需要拥有经受得住时间考验的价值。随着贸易规模的扩大，人们不仅会与邻村进行贸易，而且还会与别的王国、国家或者大陆进行贸易，因此，价值的统一显得更为迫切。大约 2600 年前，古希腊吕底亚王国的人发明了硬币，帮助克服先前货币的诸多限制和不足。统治阶层会规定某个标准形状、重量和大小的硬币价值相当于多少数量的劳动、农作物、牲畜或者肚皮舞课程，这样你就不需要带着装满牲畜的"钱包"做生意，也不会有烟草或满袋鱼头腐烂的问题了。

金属货币价值被信赖的区域有多大，交易就可以走多远。虽然带着一整箱银子听起来不太方便，但交易从未变得如此清晰和简洁。除了少数例外情况之外，硬币几乎成为全世界广泛接受的货币形式，而这也是现金得以成功的一个关键因素。如今，你的纸币和硬币都完全是平民主义的。你拥有这种财富形式的能力，跟你的国籍、教育程度、年龄、信用积分、打猎技能、政治信仰或宗教信仰完全没有关系。你的现金确实就是你的。

金属货币还具有很高的可替代性。这是一个很烦人的经济学词汇，但是它的意思就是说，现金在使用中可以交换。比如说，我给你500美元补贴家用，并且明确要求你不能用这笔钱来买垃圾食品。这个要求有什么意义呢？即使你遵守我的要求，你可能还是会间接地用这笔钱来获得垃圾食品，因为现在你可以用我这笔钱买牛奶或足球鞋，这样就能腾出你从其他来源获得的钱，并用来买薯片。这就是可替代性，这也有助于解释一个问题，为什么现金能够被沿用这么多年，并且被广泛接受，因为在哪都可以用它。

不过可替代性仅仅是硬币的重大优势之一。它还将国家这个大型抽象概念与货币正式联系在一起。通过将国家元首或其他政治符号印在硬币上，并强迫人们在从事商业活动时接受它们，统治者实际上强调了他们的权威。毕竟"硬币"（coin）这个词在英文中还有发明创造的意思。国家和政府确立权力的基本方式之一，就是制造货币，控制疆土范围内的货币形式和供应，并且运用它来集中财富。

到了十七八世纪，欧洲的政府铸币厂和亚洲部分地区的政府铸币厂铸造了大量硬币。铁、青铜、黄铜和铅制的硬币都曾在货币史上风靡一时，不过它们都比不过银制硬币，金制的硬币就更不用说了。

你可以说被人熟知的金本位货币制度源于我们对闪闪发光的金子的喜爱。没有人能确定金本位货币制度出现的具体时间，又或者是谁引导了这场思想变革。但是，很多年前的一天，某个家境优渥、具有影响力的人在某个地方决定，这种发光的材料很特别、很有价值。或许是因为金子跟太阳有相似之处。自从我们的祖先说服了彼此，认为他们的神都喜欢这种材料，他们就开始为金子着迷：把它涂在脸上，用它给法老陪葬，把它当首饰戴在身上，还用它来活跃仪式和典礼的气氛。它的稀有性更增添了它的吸引力。

我们对金子的热爱（我们也热爱银，不过现在让我们先专注于金子）使它更富有价值，将货币的概念融入到一种前所未有的物质上。事实证明，我们的祖先做了个明智的选择。如果你打算持有有形货币，那么金子就是独一无二的选择：它持久耐用、可塑性强、没有毒性、容易测试真伪、不易反应（意思是它不会腐化或者燃烧）。而且，它也足够稀缺。所有已经开采出来的黄金总量大约为 16.5 万吨多一点儿，差不多相当于美国海军航空母舰重量的 1.5 倍。

让我们珍视既不能吃，也不能给房子取暖，甚至可能也不想依偎的某个东西，这种心理魔法的威力是不可估量的。人们会认为金、银、钻石甚至美元都有与生俱来的价值，似乎那种价值来自这些物体内部的原子，或者来自美国财政部的正式批准。钻石是其中最具代表性的例子，因为这个产业——也就是垄断行业的戴比尔斯钻石珠宝公司——能够如此成功地让我们相信，钻石是极其稀有的，因此价格也很昂贵。不过，除非你想切割什么极其坚硬的东西，或者打算把它们用在某些高科技电子设备上面，否则它们毫无价值。不过，试试看把这句话告诉一个心心念念着某款订婚钻戒的准新娘，看看她会有什么反应？

到了 19 世纪，黄金已经成为世界货币体系的基础。各国货币都以确定重量的黄金为标准，同时还有相应的银币标准。在这种新的制度下，经济取得了惊人的发展，除了经常出现的由革命和衰退而导致的经济停滞时期以外。渐渐地，许多政府人员和经济学家看到了黄金的不确定性和欠灵活性。如果货币本身需要依附于地球母亲，时不时地从一些遥远的矿山中把它吐出来，你又怎么及时提供经济中所需的货币供应量呢？

黄金硬币面临的另一个问题是，有的时候经济形势会让人们相信，如果他们不消费或者不投资，他们的经济利益就能得到更好的保障。这种贮存思想只会进一步限制货币的供应量。银币也会造成同样的问题，不过也会出现供大于求的情况。西班牙帝国就曾在这里栽了个跟头。16世纪，当西班牙通过掠夺南美洲银矿而暴富后，银币供过于求，最终导致物价飞涨，民众手中货币的购买力则急剧下降；这跟元朝的纸币价值暴跌是一个道理。当钱长在树上的时候，它也就不比树叶更值钱了。

虽然硬币是一种改变世界的发明，但是事实证明，它并不是理想的货币形态。

回到鲍曼的吉姆烧烤店后，盖斯特毫不犹豫地承认，他和他的妻子在现代数字便利服务中有所受益。他说："我们有一个储蓄账户，还有一张信用卡。对，你没听错，我们的确有信用卡。不过我们平时尽量不用它，因为不想欠卡债。"人们想要现金，是因为它是一种自由的衡量指标。"如果你有我想要的某个东西，我又有现金，我们就可以马上交易。"

跟其他人和组织一样，盖斯特相信，最近半个世纪以来技术进步的大获全胜，对现金来说是不祥之兆。"货币的命运就是数字化"的说法来自经济合作与发展组织 2002 年的一份研究报告。盖斯特认为现金的数字化会发生在大部分人意识到之前。

我们喝完咖啡，去前台结账。柜台旁边有一句古老的标语，上面写着："注意小偷。"

"谢谢你，先生。咖啡很好喝。"盖斯特一边说，一边把一张 10美元递给店主克里斯·怀特（Chris White）。盖斯特指着收银机对我说："在这儿，他们只收现金，不接受信用卡。"

盖斯特是那种亲切的东道主，绝对不会让我买单，这一点很好，因为我没办法结账。当我开始探索有形货币在我们生活中的角色时，我决定给这场调查来一个个人创新——尝试一整年不用现金。我这样做的目的是看看完全不用现金是否行得通。

我问怀特为什么他不接受信用卡。他和我尴尬地对视了很久，可能是在想我是不是美国国税局派来的特工。

"这样更简单，"他最终说，"简单。我们希望这里的一切都很简单。"说完他就机械性地去找零钱了。

"克里斯以前上过课。"盖斯特说，"就是我在艾伯顿基督学校教的《启示录》，讲的是野兽的印记和步骤。"

"哦。"我回头看着怀特，说，"那么，原来还有那个原因……"我的声音逐渐变弱，表示我已经听过盖斯特介绍电子货币的角色是即将到来的大屠杀的先驱。

怀特点了一下头。"是的，没错。"

"而且那些信用卡公司也想分一杯羹，"盖斯特说，"他们会抽刷卡提成。"

"这是另外一个原因，"怀特说，"现在我们一共知道了三个原因。"

我们谢过了他请我们吃早餐的善举。在走出大门的时候，盖斯特告诉我，怀特有时候会帮忙派发《迈向野兽的印记》。"我今天本来打算给他再带一些过来的。我这些书都是免费发的。"

17世纪，纸币在欧洲再次流行起来。硬币和特定重量的贵重金属依然是金钱的"理想"形式，但是有些金匠逐渐改变了这种情况。人们会找当地的金匠把金子或银子做成首饰，或者在他们穷困潦倒的时候把首饰做成金币或金条。由此可见，现代深夜有线电视真人秀节目《典当之星》（*Pawn Stars*）和历史频道当红的"我们收购黄金！"广告在几个世纪以前就已埋下了伏笔。

当你把金子交给金匠时，他会给你一个收据以证明他收到了你的金子，并且你很快可以把黄金取回去。那张纸条代表了一定数量的金子。假如你足够相信这个金匠，屠夫也一样相信他，那么就可以用"金匠的纸条"来换取羊排。金匠们很快就意识到，只要人们不是每天都来检查自己寄存的金子，他们就可以分发或发行超出他们掌管的金子数量的纸条。现代银行业就这样诞生了。

货币演化的下一次飞跃出现在殖民时期的美国，纸币的后盾不再是硬币或金条，而变成了政府最终会以硬币或其他物品来支付的承诺。某种程度上，这标志着元朝纸币的再次出现，不过两者存在一个很大的区别：元朝的统治阶层，也就是纸币发行者，隐瞒了纸币不再代表等价值硬币或金条的事实；而在现代货币中，没有人可以隐瞒这件事。

在独立之前，美国互相独立的各个殖民经济体都在与一个重大的财政难题抗争，那就是没有足够的货币可供流通。殖民者要从欧洲进口很多必需品，因此他们装进口袋的便士和先令很快会穿越大西洋回到欧洲。为了解决这个问题，殖民政府试图将烟草、钉子和动物毛皮作为货币，并给它们规定一定的先令或便士值，以便与现有货币体系混合。

最成功的临时货币是贝壳串珠，也就是用海洋生物的壳做成的一种特别的珠子。但是，最终这种货币的价值就像当时其他的替代货币一样，受到了供应过剩和伪造品的破坏。（没错，伪造的贝壳串珠。它们是用浆果汁染过的、形状相似的壳体做成的，模仿真正的贝壳的紫色。）

最先相信纸币的是来自波士顿的一群清教徒。一开始，马萨诸塞湾殖民地试图发行殖民地硬币。这些硬币是在 1962 年采用劣质银子混合铸造而成的，并且很快就被英国人认定为不合法。不到十年，殖民者再次进行了尝试。他们这么做真的是迫于无奈，因为他们从国王那里借了钱来资助英国对法国的战争，但是却没有货币来偿还。他们把纸币称为"信用券"。当地政府实质上是在说："拿着，用这个吧。它是真的钱。我们稍后再解决兑现的问题。"出于对政府的信任，同时可能也是因为没有更好的选择，人们开始使用这种新货币。

与我们现在使用的现金类似的货币最终出现了。不同地区的现金依然各有不同：有些是私人银行发行的，有些是州立银行发行的；有些是存款凭证，有些是信用券或政府发行的票据——就好像是说：我们承诺这些票据将来某一天会很值钱，只要你们别问今天是不是那一天。辩论连续不断，从北部草原农场到议会席都在讨论纸币是真正的货币，还是一个注定会以悲惨结局收场的虚幻阴谋。关于对纸币的恐惧和全国性货币的优势之间的辩论，在美国激烈地持续一个多世纪，而且在宪法中也具有举足轻重的地位。

大陆会议期间，开国元勋们刻意禁止了新生联邦政府发行"信用券"。一位会议代表指出，纸币"就像末日兽印一样令人担忧"。不过，联邦政府被授权"可以制造货币，调节其价值……并符合重量和衡量标准"。

但是，由于美国内战及其对经济的影响，联邦政府也抓住了发行纸币的机会。为了支付联邦军队的战争费用，政府不得不发行4.5亿美元纸币（大约相当于2011年的81亿美元）。这些纸币也许违背了宪法，但是它们的确起效了，被用来买设备和发军饷。战争总是会平息对货币财政支持的担忧。

不过，战争的结束带来了通货膨胀，并将人们的注意力再次引向纸币的合法性问题。首任财政部部长萨蒙·P. 蔡斯 (P 代表的是波特兰，而不是纸）让美钞成为可能。然而，不到十年，在他担任最高法院法官时，他做了历史上最有名的一次观点反转，判决纸币不合法。尽管纸币上印的头像不是别人，正是他自己，他还是做出了这个判决。

重组后的美国最高法院［在最初裁决纸币违宪的那天，美国总统尤利西斯·格兰特（Ulysses Grant）任命了两位新法官］很快就会撤销这个裁决。被称为"法定货币案"的系列案件的连续两个裁决敲定：宪法或许没有明确授权联邦政府发行信用券，但是联邦政府拥有发行信用券的隐含权利，因为如果不发行信用券，那么要治理一个国家，至少治理美国这个国家，就是完全不可能的。

不过，在单一流通的国家货币出现前，几千家私人银行都发行了自己的货币，有些是用保险柜里的金条或硬币作担保的，但是也有一些是完全没有担保的。这是一种货币自由放任的状态，而且从现在美元的全球接受度来看，很难想象在不到 150 年前，美国的货币竟然是一盘大杂烩。各种各样的纸币在美国境内流通，大部分都是由未经官方授权的"非法"银行发行的，而且很多纸币的真实性都有问题，价值也不稳定。

不过，即使在那个混乱的时期，纸币的价值也总是取决于你认为你可以用它们来交换一定重量的金子或银子，至少在理论上如此。跟 2000 年前一样，此时的人们依旧坚信贵金属是价值的化身。如果与金属没有这层联系，难以想象货币还会有什么价值，或者说货币的价值可能会是不固定的。但是，就在古代货币转变成你的钱包里现金的最后阶段中，这种情况也很快产生了变化。

1933 年，作为大萧条期间重振经济的一项激进举措，富兰克林·罗斯福总统收回了公众的黄金供应。然后，在 1944 年，自由世界主要经济体代表们将美元选为事实上的全球货币，在一定程度上取代了黄金。美元与黄金的兑换比率依然固定在每盎司黄金 35 美元。听起来或许有些奇怪，一小群人围坐在会议桌旁，决定了一盎司金块的价值不是 34 美元，也不是 36.75 美元，而是 35 美元。其他国家的货币并没有与金子等值，而是固定了对美元的汇率，并且在没有得到新成立的国际货币基金组织的特别许可前，不得更改货币汇率。

问题在于，这个战后协议赋予了其他国家将其储藏的美元兑换成金子的权利。到了 20 世纪 70 年代初期，尽管这项政策很少发挥作用，它却变得越来越荒谬，因为外国银行拥有的美元数量已经相当于美国拥有的黄金数量的三倍。这种情况激怒了外国政府，因为被战争和财政赤字削弱的美国经济也伤害了美元，这反过来也拖累了其他国家的货币和经济。这些怒火中烧的国家中最激进的就是法国，法国政府将数十亿美元换成了黄金，并希望其他国家能够效仿，从而迫使美国调整财政秩序。

但是其他国家并没有效仿。恰恰相反，1971 年 8 月 15 日，理查德·尼克松总统割断了物质实体与国家货币之间的最后一个结缔组织。任何人都不能再用美元兑换黄金了。从现在开始，购买一盎司黄金所需的美元金额将由市场来决定，就像石油、草地、郁金香一样。各国货币将会像微风中不受限制的气球一样，互相作为衡量标准。

与此同时，美元依然是世界储备货币，是支配所有货币的那只魔戒。其他国家的政府继续持有美元，并用它来支付债务，而且在全球商品市场中，大部分商品的定价依然是用美元。

这就是奇怪之处：美国的评论员们骄傲地宣称美元是世界上最稳定的货币，就好像这是当今的美国经济政策带来的结果，然而实际上是几十年前的谈判才让美元成为整个系统的支柱。美元很稳定是因为美国经济很庞大，美国是个了不起的共和政体——这些都没错。不过它之所以稳定，也是因为所有人的幸福安康都取决于它，都取决于对它的稳定性的信心。不过，这些或许也是会变的。

至于纸币本身，金本位制度的终结意味着现金变成了一个完全抽象的概念。现在它的价值来自法令（fiat）。这个拉丁词汇的意思是"让它有"。

金钱像一场谎言

在位于乡村地区的 172 号公路上向东行驶时，盖斯特和我讨论了过去失败的那些货币。对这里的人来说，美利坚联盟国（Confederate States of America）的货币当然是历史上最强有力的例证。1861 年，联盟国首次发行承诺"向持票人兑付"的信用券，目的是为了筹集资金支持南方参与美国内战。随着战事拖延，局势开始朝着有利于北方的方向发展，人们很自然地开始对联盟政府支付债款的能力失去信心。迅速增加用于流通的纸币数量的举措也没什么成效，市场上纸币的面额总值达 17 亿美元，这些货币最后几乎一文不值，这对战败南方的经济来说无疑是雪上加霜。"他们只是印出了那么多纸币，但是没有财政的支持，所以它会崩盘。"盖斯特说，"就现在来说，它的价值其实更像是收藏品。"

盖斯特的解释让我想到了我在网上看到的一个故事。在给参议院财政委员会作常规报告的时候，美联储主席本·伯南克（Ben Bernanke）像妥瑞氏症患者一样说了一大堆存在主义的言论，一下子就破坏了我们所了解的整个经济系统。这位主席在讲述提高某个关键利率的前景时突然停顿下来，像是被一种非自然的力量控制了。

"你知道吗？那不重要。"伯南克说，"这些所谓的'金钱'全都不重要。这只是一种幻象。"他激动地挥舞着一把美元，把它们放在他和麦克风之间的桌子上。"看吧，上面印着数字的几张毫无意义的纸。一文不值。"然后他拿出打火机，点燃了它们。

感谢上帝，这个故事并不是真的。伯南克当然不会说这样的话，他可能也不会随身带打火机，更别说是一大沓现金了。不过，你不需要成为罗恩·保罗（Ron Paul），也能听出这个故事中的真相。"我们现在使用的货币是一个谎言，"当我们开车经过一些养鸡场和他小时候游过泳的那条河时，盖斯特说，"当美元崩盘时，很多人手里会拿的就是毫无价值的纸币，因为他们用有价值的东西——食物、土地、住所——去交换了毫无价值的东西。"我对美元、人性没有盖斯特那么悲观，但是我很好奇从长远来看纸币在这些方面处于什么位置。

那么多人认为现金的终结已成定局。然而如果你建议大家应该与之友好相处，你可能会因此遭受谴责，说你是在向美国银行屈服，缺乏爱国精神，践踏某种神圣的制度。为什么会这样？

也许这始于一种现金比你更神圣的错觉。

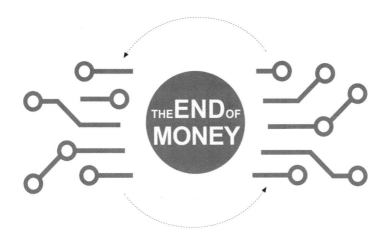

第二章

送信者

金钱，如此邪恶，又如此简单。

——弗兰克·赫伯特,《白色瘟疫》

携带细菌的现金

我搭乘航班去伦敦，参加年度数字货币论坛。航班起飞一小时后，空中乘务员就推着装满免税商品的小推车在过道穿行。坐在我旁边的沙特阿拉伯男人用美国运通卡为妻子买了一条带有心形吊坠的银项链。任何想买东西的人，都需要用信用卡。

无现金机舱政策是在有关空乘员挪用现金［这被行业代表称为"漏交"（leakage）］的报道之后出现的。不过这也是猪流感在全球肆虐期间开始生效的。亚洲人民戴上了面罩，欧洲和北美人民则会在打喷嚏时用手肘挡一下，或者当有人在公众场合不加遮掩地咳嗽时怒目视之。

然而在 H1N1 病毒盛行之前，飞机上的现金交易就让我相当不安，并不是因为空乘员需要在脑子里保存多个代数公式来追踪哪一排的哪个旅客还缺哪些东西。不是的，让我烦恼的是机舱里的现金离我的食物和饮料非常近。我会看到空乘员的手隔着几个座位接过一些美元，把它们分类，然后把它们放进围裙口袋里的一叠现金中。他们会用摸过美元的手端起杯子的边缘，放入柠檬切片，递出咖啡搅拌棒。然后这双手又会接触现金，这次是从乘客肮脏的手中接过现金，比如说跟我同一个航班的座位号是 24B 的那位乘客，穿着背心，双手在脑后交叉，最大可能地露出着他的腋窝。

现金真的非常脏。金钱也许是一项了不起的技术，让我们的生活变成了现在这样，但是多么浮夸的谈话都无法改变它携带大量细菌的现实。除了握手、共同呼吸的空气、公交和地铁上被人先后扶过的扶手之外，现金交易是我们接触他人或他人的传染性物品的最常见方式。

在《沙丘》的作者弗兰克·赫伯特（Frank Herbert）的科幻小说《白色瘟疫》（*The White Plague*）中，一位分子生物学家决定给纸币下毒，然后分发到坏人生活的国家，以此为被杀害的家人报仇。后来，这种被下了毒的纸币变得不受控制，最后酿成了一场全球性瘟疫。小说中的美国总统宣布："我们已经对这些货币进行了消毒和替换，足以解除银行的隔离检疫制度。"不幸的是，这个计划还是失败了。

钞票和硬币上有各种各样的传染病原。在 94% 的美元上都检测到了葡萄球菌。虽然 2003 年中国人认为钞票会传染非典病毒的恐慌被证实是没有依据的，但是中国人民银行依然决定在流通前将收到的所有钞票都先存放 24 小时——病毒的预计存活时间。瑞士研究人员发现，中等浓度的流感病毒能够在钞票上存活最多 3 天。他们"在有呼吸黏液"的情况下测试了同样的传染病毒（这听起来真是个有趣的实验），发现病毒最久存活了 17 天。这些科学家们写道："传染病毒在这种非生物环境中出乎意料地稳定，这表明在制定疫情预案时应该考虑到异常环境感染情况。"流通的钞票会加速未来的瘟疫传播吗？

当我把这项研究转发给一个在美国疾病控制中心工作的朋友时，她并没有什么兴趣。"这些研究人员是把钞票放在嘴里了，还是把它们插进鼻孔了？"她问道。在有一连串完美传播条件的情况下——有人对着钞票打喷嚏，不让它风干，然后把它存放在黑暗潮湿的地方，而且不在皮质钱包或裤子口袋中摩擦——才有可能，而且只是可能，会有足够的病毒颗粒来感染下一个拿这些钱的人。她告诉我，除非人们开始把美元当成手帕来用，否则纸币或硬币上面的任何细菌都会很快死亡*。这很令人安心，不过一个最近刚从非洲回来的朋友好心地告诉我，在非洲大陆一些比较危险的地区，人们会把现金储存在他们的内衣里。虽然我在美国疾病控制中心工作的朋友很聪明，不过我怀疑当她安慰我现金无害时，她根本就不会想到会有人把现金放在内衣里。

其实现金不仅仅携带了病菌。几年前的一项化学研究发现，从美国18个不同城市抽取的现金样本中，大部分都含有可卡因残留物。是现金在经济体系中的活动太像漩涡，才会让大部分现金最终都被换成毒品进了瘾君子的鼻孔吗？不是的。当银行或赌场的点钞机被哪怕一张纸币污染后，这些可卡因残留物接下来就会出现在后续放进这些点钞机的大量纸币上。（有意思的是，研究发现，美国境内可卡因含量最多的纸币来自华盛顿，含量最低的则来自盐湖城。）最近另外一项研究发现，99%的英国纸币都带有可卡因，这或许是向英国的守法公民们证明，英国央行的点钞机一定是从哥伦比亚大毒枭巴勃罗·埃斯科瓦尔（Pablo Escoba）那里买的。

最近因为努力避免使用现金，我对现金的厌恶愈发强烈。现在我已经差不多四个月没有用过现金了，基本没有什么大的麻烦。现金已经被挤到了我们日常生活的边缘，要避开只收现金的餐厅和停车计时器并不

---

* 把纸币当成手帕用，也许是通胀鹰派的一个宣传噱头？

难。在我家附近的甜甜圈店，老板规定了信用卡交易的最低限额是 2.5 美元，我不得不像哄抬物价一样，坚持为 0.8 美元的涂层甜甜圈支付 2.5 美元。

其中一次失败经历是在我必须坐上前往世界金融中心的新泽西捷运火车的时候。我没有时间提前在网上订票或者计划其他交通方式。突然间，我发现自己面对着一位不太耐烦的售票员，他手里的机器能出票，但是显然不能处理信用卡。幸运的是我的钱包里还放着一些没动过的钞票。买完票之后，我扫了一眼售票员放在我摊开的手上的一把硬币，然后就把它们放在了我前面的空座位上。

几站之后，一个秃顶男人坐到了那个座位上，并且立即把那些零钱放进了口袋，或者说试图把它们放进口袋：一个出格的 25 美分硬币掉到地上，滚到了我的脚旁边。不过那个男人戴着耳机，所以他没有听到硬币落地的响声。当列车最终抵达宾州车站时，我们都站起来准备走向出口，我拍了拍那个男人的肘部，告诉他 25 美分硬币掉了。他向我道谢，但是看起来很迷茫。虽然硬币就在我脚边，但是在他看来，我显然并不打算帮他捡起来。相反，我经过他身边，快速走向站台。这真有些尴尬。

最近现金还把我带进了一个价值观迷宫，这部分要归功于劳伦斯·韦施勒（Lawrence Weschler）写的博格斯（J.S.G. Boggs）传记。20 世纪 80 年代，博格斯因绘制精美的美元、英镑、瑞士法郎等钞票而出名。它们并不是伪币，不过他还是被英国央行起诉了，后来被宣布无罪；他还被美国政府骚扰了好多年。

博格斯在一家高级餐厅用完餐后，或者在酒店的收银台旁边，会提出用他的艺术作品来支付账单，比如说，用他画的一张 100 美元来支付一顿 71 美元的晚餐。根据他创作投入的时间，以及服务员或酒店工作人员是否会赋予这些作品价值，他会作一场关于金钱和他的绘画作品的轻松演讲。（能够进一步证明他对传播伪造品没兴趣的证据是，博格斯还会提出用真正的钞票支付账单。）令博格斯着迷的是价值——人们如何确定并交换价值。

为了避开现金，我本来希望能够进行一个类似的实验来思索关于金钱的事。但是我没有预料到的是，我不用美国铸币局发行的硬币和联邦储备券的决定，最终会让我发自内心地厌恶触碰纸币和硬币。在最初的一两个月里，朋友们会试图递给我一些钞票，我会像对待蚊子一样把它们拍开，我们会咯咯地笑——"沃尔曼戒现金！"然后谈话就会转移到别的话题上。不过，几个月后，这种反感变成了真的，就像我是世界上唯一一个借助美剧《犯罪现场调查》里面那种特殊的紫色灯看现金一样，那种灯可以照出钞票上面的指纹和其他人类活动的痕迹。直到今天，每当我在小餐馆看到有人从钱包或口袋里抽出钞票放在桌面上时，我总是忍不住会想象那张钱被脚踩过、被汗泡过、被过度触碰过的生命周期。服务员把那张钞票放进收银机之后，又伸手拿了个杯子为我准备饮料。我咬着舌头才没有喊出来："嘿！你听说过抗菌凝胶吗？"

前景堪忧的造币行业

如果我们透过钱包里那些现金，将实体现金当作一个行业来看，那么画面会更加肮脏。英国政府在 2010 年发布的一份标题为《英国的支付革命》（The UK's Payment Revolution）的报告中写道：

> 每年制造、分发、收集和销毁的纸币大约为 10 亿张，钞票的生产和安全运输是一件成本昂贵、环境代价也很高的事情，而且费用还要纳税人来承担。逐渐抛弃现金拥有很多益处。

2008 至 2010 年间，美国单单铸造硬币就消耗了超过 32397 吨锌、41245 吨铜和 4185 吨镍，而且制造现金产生的碳排放远不止于此。

锌、铜和镍等金属拥有很多其他按理来说更重要的用途，比如说家庭布线或电动车电池。据跨国采矿巨头必和必拓集团估计，接下来 25 年内全球的铜消耗量将会超出目前为止开采出的总量。污染问题？镍冶炼厂会排放大量的二氧化硫，这也是导致酸雨的主要原因。西伯利亚的某个地区集中生产镍，占全球 1/5 的供应量，每年排放的二氧化硫超出法国全境的排放量。当你下次因为厨房台子上的满满一瓶硬币或者钱包里装满硬币、合都合不上的隔层而烦恼时，想想生产这些硬币的代价。

就连用棉花和亚麻，或者最近用塑料制作的钞票也并不是无罪的。制作一张 100 美元钞票所需的棉花，需要消耗大约 2 升水才能种植出来（需要 100 加仑水才能种出用于制作一件 T 恤所需的棉花）。这些棉花的水消耗量也许不会让地球陷入绝境，但是你很难辩解说整个生产过程，包括将在马里兰州和得克萨斯州一些不走运的垃圾填埋场处理掉的化学染料和印刷设备，都对环境无害[*]。

从印刷厂开始，生产现金的环境成本像复利一样开始滚动：运输所

---

[*] 美国的纸币是在两个场所制造的，一个在华盛顿特区，另一个在得克萨斯州的沃斯堡。

需的燃料、运行生产厂家和现金仓库所需的电力，以及在银行、商店和仓库之间运送现金的大小货车，它们形成了一个世界性的物流乱象，堂而皇之地排放着大量污染物。

在伦敦查令十字酒店的维多利亚宴会厅，第13届数字货币论坛年会圆满结束，并提供了免费的啤酒和红酒。黄铜吊灯下，来自世界各国的银行、电信、学术和国际发展领域的参会代表们，已经用整个周末的时间充分讨论了数字形式的货币，以及未来的数字货币技术。

我来的时候带着很高的期望，以为它会打开一个充满奇思妙想和高级技术的世界，并已经摆好姿势随时准备取代现金。但是，这场论坛实际上太过会议化，展示了一套又一套幻灯片、难以理解的企业术语和行话。虽然其间倒是有些亮点，不过第一天下午的茶歇时间时，我已经焦虑不安。我都快忘记了来这里的初衷——我们用哪种形式的货币真的有关系吗？

为了重回无现金社会的轨道，第二天上午，在附近的考文特花园，我见到了技术专家、出镜率非常高的货币评论员、自称"反现金狂人"的戴夫·波奇（Dave Birch）。波奇是这次峰会的精神领袖、组织者兼主持人。我邀请他陪我去英国央行，这样我就可以听他在现金的主场提出反对现金的理由。

50岁的波奇留着白色络腮胡，戴着圆眼镜，看起来更像是个神学教授，而不是电子货币和数字安全专家。走路去地铁站的路上，我们碰到了一位街头表演者，他弹着吉他唱迈克尔·杰克逊的《你给我的感觉》（*The Way You Make Me Feel*）。波奇慢下脚步，在他的吉他盒里放了一个一英镑硬币。"我们得搞清楚在将来数字货币的时代怎么做这件事。"

他说。

一大部分劳动力都依赖着小费来生活，尤其是在美国。他们是拥有真实工作的真实人类，他们的工作通常需要站立很长时间，他们也能够带着微笑为那些不值得投以微笑的客人提供服务。他们是服务员、门卫、咖啡师、出租车司机、调酒师等等，不用说一年不使用现金可能会给他们中的很多人带来极大损失。

然而，虽然给小费这种交易看起来很直接（它只是对良好服务的回报，对吗？），想想有时候当你只喝了一杯啤酒，而你的朋友吃了猪肉排骨拼盘时，你不知道应该留下多少小费的那种困惑。然后还有那种你可以称为"外地人小费焦虑"的情况。我见过很多从国外来的朋友会为要不要给小费、给多少小费、在哪里给、什么时候给的问题而烦恼。就连我们这些伴随这种习俗长大的人也会有不同意见。要给打扫你的房间的宾馆工作人员小费吗？有人说只在退房离开的时候给，有人说根本就不用给。我的姐姐则说绝对要给，入住的每天早上都要给。当然，还有决定要留多少小费的令人迷惑的计算方法。据说本杰明·富兰克林住在巴黎时曾经说过："小费给多了像傻瓜，给少了更像傻瓜。"

富有的美国人最初从欧洲国家那里学到了给小费的习俗，但这些国家早就已经将其换成一种更公平、更实惠的服务税。你或许认为就算是为了不影响给小费这种慷慨行为，我们身上也必须带现金，但事实上：在用信用卡结账时，人们通常会给更多小费。至于未来的街头表演者，波奇认为，从技术上来说，这实际上是实现无现金化的过程中的一个微不足道的障碍。很快我们就可以对准一个电子设备，按几个按键来付给别人几美元或者几英镑，如果不是用苹果、安卓和黑莓手机的话，就是一些类似的设备。"全面进入数字货币时代的障碍正在解除。"他说。

我们走进一家咖啡店，不过有十几个人在排队。波奇扭头就走，拉住还没关上的店门。"我如果留下来等，就不是真正的资本主义了。"他这样说道，并走向一条街之外的另一家咖啡店。

第二家店的一面窗户对着街。这次没有人排队。波奇点了一杯拿铁带走。他在裤子口袋里摸索硬币时，不小心把一把硬币撒到了路边。他停下来，低头盯着那些硬币，说道："看，现在你又有了一个不用现金的理由。"然后弯下肥胖的身躯捡起四处分散的 1 英镑、50 便士和 25 便士的硬币。他的表情就像是一所房子的主人在他家前院草坪上清理别人家的狗拉的粪便。（这个比喻是有先例的：弗洛伊德曾大胆提出，金钱和粪便之间存在一种心理联系。）

"现在大约每 20 个 1 英镑硬币中就有 1 个是假的。"我们继续在毛毛细雨中走着，波奇说道。这些伪造的硬币很可能是在罗马尼亚和保加利亚这类国家的又脏又破的机械车间制造出来的，这类国家太穷，以至于伪造 1 英镑硬币对他们来说都是有利可图的。在美国，我们没有假硬币。我把这句话重新组织一下：政府默认的假设是伪造硬币这样的事不存在，或者说规模不大，不值得去寻找。"连人们都不想要硬币，"波奇说，"英国发行的所有便士硬币中大约有 40% 都下落不明。你听说过吗？"便士硬币下落不明，是因为人们不用它们。我们在收银台前找回的那些硬币，最终通常会被遗忘在办公桌和书桌的抽屉里，多年都不会被想起。

这种硬币无用的情况在美国也好不到哪儿去。美国铸币局在过去几十年中制造了大约 5000 亿个硬币，然而他们自己估计其中有 2000 亿个已经不再流通。根据一项预测，美国每年因为处理收银机和钱包中的硬币而花费的时间会造成 10 亿美元的损失，这些时间本可以用来做其他的事，比如增加收入或想出关于下一个脸书的创意。这些小面额硬币的现状已经迫使以色列、巴西、澳大利亚、芬兰、阿根廷和新西兰等国家废除 1 分面额的硬币，有些还废除了 5 分面额，同时还缩小了他们的大面值硬币的尺寸，以便进一步降低生产成本。在过去几十年中，挪威、丹麦和瑞典销毁了所有面值低于 50 欧尔（相当于 50 美分）的硬币。去年，瑞典又废除了 50 欧尔硬币。这是件很奇怪的事情：为了省钱而把钱作废。但是这样的事的确发生了。

　　1 美分、5 美分和 10 美分硬币都很少再被称为货币了。从法律层面来说，它们是货币，但是它们并不流通。它们有储存价值吗？几乎没有。它们是交换媒介吗？只有在你拥有足够庞大的数量时才是，不过跟你交易的人不一定会喜欢它们。它们是计价单位吗？从技术层面来看是的，但是我不觉得有谁会喜欢以分为单位来计算。营销人员能够迅速告诉你 2.99 美元和 3.00 美元对消费者来说有多大区别，但是那是因为小数点左边的数字有催眠效果，导致没有人在乎小数点右边跟着的数字是多少。难怪人们宁愿支付 8.9% 的高额手续费，也要使用硬币之星公司（Coinstar）20000 个兑换亭中的一个，把笨重的一满罐硬币换成纸币。

　　在美国，每次金属价格飙升时，都会冒出废除至少 1 美分和 5 美分硬币的问题。几年前，制作 1 美分硬币的成本曾一度高达 1.8 美分，制作 5 美分的成本甚至高达 9 美分。1 美分的成本后来有所下降，但是 5 美分的成本依然维持在 6 美分左右，然而 1 美元硬币的成本却是 34 美分，这实在令人印象深刻。2010 年夏天，美国铸币局的董事告诉美国国会："现在出现了前所未有情况。相对于面值而言，我们国家历史上从来没有花过这么多钱来铸造和发行硬币。"美国历史上从来没有过这种"螺旋式上升的"硬币发行成本，更何况这些成本实际上已经超出了硬币本身的价值。"这个难题浪费了几十亿美元。"

波奇说："所有人都会同意废除 1 美分和 5 美分。"在这个时候，你会以为唯一坚定地维护 1 美分和 5 美分的就是那些提供硬币原料的公司、收取硬币兑换纸币手续费的公司和对金属带有怀旧情怀的政治家，或者是某个狂热收藏硬币的亲戚。然而几年前，《今日美国》（*USA Today*）和盖洛普咨询公司进行的一项民意调查显示，55% 的美国民众认为 1 美分"有用"，不应该被废除。这些都是些什么人呢？

1 美元的纸币本身就有强大的支持者，其中很重要的人员包括造币厂和美国铸币局自己的员工。20 世纪 90 年代中期，美国铸币局的员工打着"保护美钞"的旗号，阻碍国会试图废除 1 美元纸币的打算。（纸币比硬币的制作成本低，但是持续时间较短，因此从长期来看，其实成本更高。）美元维护者们受到了密西西比州参议员特伦特·洛特（Trent Lott）和马萨诸塞州参议员泰德·肯尼迪（Ted Kennedy）的支持，后者是美国纸币用纸独家供应商的利益代言人，这些纸张用马萨诸塞州种植的转基因棉花制作而成。该团体甚至还提议立法明确禁止废除美元纸币，不过关于立法的这项法案一直没有被通过。

然而至少有一些迹象表明美国政府正在重新考虑硬币问题。2007 年，芝加哥联邦储备银行（Federal Reserve Bank of Chicago）发表了一篇名为《1 美分（或者 5 美分）到底有什么价值？》［What's a Penny（or a Nickel）Really Worth？］的文章。自中世纪以来，当硬币的铸造成本超出其面值时，传统的解决方法是"降低受到威胁的硬币的价值，也就是说，采用更便宜的原料来制作"。注意现行法律下这种做法是行不通的，作者建议国会要么批准财政部寻找更便宜的原料来制作未来的 1 美分硬币，要么"终止 1 美分面值的硬币，将 1 美分的价值定为 5 美分"。

终止。一个财政部官员说出这样的话，即便不具有颠覆性，其决断性也是非比寻常的。为什么？因为废除1美分就意味着允许出现通货膨胀。"你不能那么做。"一位经验丰富的金融记者曾经严肃地告诉我，就好像我的建议是要推翻政府一样。"正式承认1分钱没有价值，这会对1美元的价值有什么影响？"换句话说，提醒人们价格在持续上涨，而他们手里的货币的购买力在持续下跌，对经济发展并没有好处，虽然这两句都是实话。承认通货膨胀会让人们产生怀疑，而怀疑和信仰是不能共存的。即使研究表明，废除1美分将会有益于经济，我们怎么才能确保这一点呢？突然之间，终结1美分这个看似很小的问题并不仅仅关乎携带不方便或者锌的众多用途的问题了。它事关整个经济。

我们对通货膨胀很敏感，是因为高价格是一种阻力，还因为不管是理性的还是其他性质的担忧，都可能会让它进一步恶化，转变成恶性通货膨胀。出现恶性通货膨胀时，货币的购买力会跌至谷底，而价格则会飞速上涨，以至于人们必须赶着把口袋里的钱花出去，以免几天甚至几个小时后它会再贬值。一辈子的积蓄可能隔了一周就连一片面包都买不到了。*

恶性通货膨胀最有名的例子就是20世纪20年代初期的魏玛共和国（德国），这次通货膨胀的一大部分原因是德国无力支付第一次世界大战后对各个邻国的赔款。在通货膨胀最严重的时候，德国马克对美元的汇率是4.2万亿马克对1美元，政府还发行了面值为100万亿的钞票（是

---

* 我们应该烦恼的其实是通货紧缩。经济学家通常会认为通货膨胀的这个双胞胎兄弟更有破坏性，也更难补救。当价格下降时，人们口袋里的钱会变得更有价值，这就意味着人们会像囤积黄金一样保留货币，导致经济进入不稳定的停滞状态。企业主、消费者、投资者，没有一个人愿意借钱、花钱或者雇用劳动力。

的，面值是 100 后面跟了无数个零），试图追赶不断上涨的价格，结果还是失败了。当时的经济形势是如此糟糕，甚至加速了疯狂的纳粹主义思想的滋生和发展。

20 世纪 70 年代爆发的急剧通货膨胀结束 40 年后，在美国人的日常生活中，价格与收入之间维持着出人意料的稳定关系。佛罗里达的寒冬可能会提高柑橘的价格，几年前石油价格飙升到让小布什总统不得不承认美国对石油的高度依赖，不过这些都不是通货膨胀。放肆的通货膨胀指的是你要像十几年前的巴西人那样，为了赶在超市负责对商品提价的人到来之前抢到商品，而不得不在超市的通道狂奔。如今的美国年轻一代一直生活在经济稳定的麻痹状态里，因此，他们对所有商品的价格同时飞涨这一概念是不清晰的。我们很幸运，所以在看到 100 美元的热狗或 1000 美元的胶合板时才会认为只是标错了价。

那些失去控制的恶性通货膨胀的场景依然非常令人心痛：在津巴布韦，钞票被当作墙纸；在战后的布达佩斯，钞票被清扫进排水沟；或者在德国，钞票像树叶一样被装进手推车。在魏玛恶性通货膨胀期间，一位德国艺术家用 10 万马克面值的钞票盖满了一张公园的长椅。他给这个作品命名为"德意志银行"（这里用了双关语。在德语中，"长椅"跟"银行"是同一个词）。我们只能祈祷这样的事最好不要在美国发生。对于通货膨胀和恶性通货膨胀的恐惧并不一定总是理性的，但是应对它们的措施肯定都是理性的。那么作为一种迂回的方式，也许明智之举其实是不惜一切代价来支持小额硬币的发行，从而减少人们对通货膨胀的担忧。哪种情况风险更高：亏本制造和流通烦人的硬币，还是打击经济方面的士气，以至于打击民众对除这些小金属圆片以外的其他货币的信心？

当然了，优雅地解决这一切问题的办法就是维持分币的价值，如果你非常赞成的话，甚至还可以让半分的硬币也恢复流通，不过要把它们押在成本更低、效率更高的数字领域。然而美联储、英国央行、欧洲央行以及世界上其他国家的央行都在持续生产硬币。美国的下一场硬币大狂欢将是印有总统头像的 1 美元系列。到 2016 年底，美联储拥有大约价值 20 亿美元的 1 美元硬币，不过很多商人和现金处理公司都不会储藏这些硬币，因为人们都不用它。除了那些最终被收藏家贮藏的硬币之外，其余的都将在政府的保险库里积灰，直到我们能够确认它们有实用性。你肯定不是唯一一个想知道这些货币管理者们在想什么的人。

出了地铁，波奇和我一眼就看到了小黄瓜大楼（Gherkin），这是伦敦的标志性建筑之一，像一艘巨大的蛋形舰，非常壮观。此刻我们站在伦敦城的中心。这些经典建筑群是曾经大英帝国的经济中心，它以股票、债券和信贷构建了一个庞大的金融体系。我们的右手边是英国皇家交易所，左边则是石灰岩搭建的堡垒——英国央行。"这是我们的敌人。"波奇一边说，一边朝着银行博物馆的入口走去。

法定货币不是在这里诞生的，不过英国央行发行了首批得到全世界认可的货币之一——英镑，并展示了政府是如何在深陷战争、资金短缺时通过担保私人银行发行纸币形式的货币，从而有效筹集资金的。就这一点而言，被人们亲切地称为"针线街的老妇人"的英国央行在很多方面成为了现代央行的模板和典范。虽然货币不是在央行制造的，但这里就是概念指向，也是现金的奇幻生命之旅开始的地方。

在昏暗的大厅中，首先映入眼帘的是一份公告：一块很大的粉色海报上写着，收回所有印着古典音乐作曲家爱德华·埃尔加（Edward Elgar）爵士头像的 20 英镑纸币。2010 年 6 月以后，只有印着亚当·斯密头像的新的 20 英镑钞票才能被当作英国的法定货币。在我们有了更多了解之后，我们就知道发行新版货币通常是由于假币泛滥。如果错过了规定的回收期限，你手里还有印着埃尔加头像的 20 英镑钞票，就只能自认倒霉了。波奇手里拿着苹果手机，仔细看完了公告，然后摇摇头说："昂贵的新版纸币真的是我们需要的吗？"

和大多数会定期废止某些硬币或纸币的国家不同，美国历年来发行的所有纸币和硬币都是法定货币。这种政策是为了增强美国经济的稳定性。这也是为什么美元的新设计要保留美联储所说的那些"遗产特征"，也就是一说到美元人们会联想到的那些要素：非常无趣的浅绿色、开国元勋和一堆混乱的字体。虽然理论上可行，但是你可能不会想把你从祖母那里继承的极为稀有的硬币或纸币花掉，因为它们的收藏价值是其票面价值的上百倍。

今天博物馆里很安静，几乎没有什么人。当没有学校安排实地考察，钱币收藏家和研究者也忙于日常工作的时候，就会出现这样的情况。主大厅里有一个面向孩子的热气球吊篮展品，形象地解释了央行是如何针对通货膨胀率来保持经济正常增长的。这个展品的思路是：为经济体增加或减少货币投入就像为气球增加或减少热气，这样就可以让它正常飞行。（至于飞行的目的地在哪儿，这个展示并没有说明。）波奇差不多一整天都在手机上打字，这会儿抬起头看了看这个展品，说道："我已经知道通货膨胀是怎么回事了，都是他们的错。"他把头往天花板方向抬了抬，意思是指银行的上级部门。

在美国人看来，波奇或许是个典型的自由至上主义者，他想要关掉国家的中央银行，让事情完全自由地发展。他对政府发行的货币持怀疑态度，因为政府是臭名昭著的赤字缔造者、肆意挥霍者，在货币价值保护方面历来表现很糟糕。他也对充满各种不同货币的未来抱有热情，这一点我们稍后再谈。不过，波奇之所以对政府出台的货币体系感到不满，更多是出于技术层面的原因，而不是意识形态方面的原因。"我不讨厌货币，我讨厌现金！"他的这种厌恶的一个主要原因是，谁来为现金成本买单？

波奇博客上坚决反对现金的典型言论是这样的："现金的成本不仅仅是纸币和硬币的制造成本，还包括自动取款机、运钞车、夜间保险箱和点钞机的成本。现金流通的经济体缺乏效率，而且坚持使用现金的经济体是最糟糕的。"接下来他连珠炮似的提出了一系列揭露的研究成果、分享的会议摘要、浏览的媒体文章等，以及一些具体事例，包括印度尼西亚每年处理现金的成本（超过 8 亿美元）、加拿大的假币、阿根廷的盗贼通过挖地道连通银行金库（类似于电影《肖申克的救赎》的情节），以及来自欧元区的大部分钞票都被用于囤积，而不是消费的报告。他总结说："现金的目的不再是支持商业。"

在接触货币数字化之前，波奇并不是一直都这么痴迷于货币的形式、摩擦及未来。他的职业背景与电脑相关；在互联网出现之前，他就开始帮忙连接网络了。他的专长是确保网络安全，这让他获得了一份可以环游世界的工作，为北约组织的安全系统、东南亚的卫星通信和加利福尼亚州海湾地区快速交通的票务系统提供帮助。20 世纪 80 年代，他成立了自己的咨询公司。

安全的电脑网络和金融交易有很多共同之处，因此波奇开始在支付技术和电子货币系统领域逐渐有了良好的声誉，成为知名专家，其服务客户包括维萨、美国运通、万事达、巴克莱银行和欧盟委员会。正是在从事这些工作时，他开始为不同货币形式的成本、分歧与风险着迷，并开始沉迷于研究世界上的各种价值链阴谋。他很快就了解到，目前为止最笨重、最昂贵的货币形式就是现金。然而，如果不先了解谁会从中受益的话，就很难搞清楚其中缘由。

"发行货币是英国历史上最赚钱的国营业务。"他说。我们现在来到了博物馆的钞票展厅，从钞票艺术的原始设计草图参观到最近的"现代精美技术的钞票"样本，考虑到即将被废止的带有埃尔加头像的20英镑钞票，这些样本明显并不精美。波奇轻拍着展示柜，说："看这张50磅的钞票。实际的50磅现在在哪儿？这只是一张纸，所以它的价值并不在这里。它在哪儿？在一台电脑里，但是它的价值又在哪儿呢？"他问道，"从来就没有人想过这个问题，但是答案就是银行用它来购买了政府证券。现金其实是一种隐性税。"

又开始了？波奇在抱怨国家货币最怪异、最技术化的方面。所有人都想赚钱，制造和发行货币的机构也不例外。关键就在于被称为"铸币税"的东西。美国政治评论家威廉姆·格雷德（William Greider）在其著作《神殿的秘密》（*Secrets of the Temple: How the Federal Reserve Runs the Country*）一书中指出，"铸币税"这个词本身的神秘莫测表明了中央银行的"秘密咒语"以及"交易可怕又庞大到超出普通人的理解范畴"。不过，它就是中央银行和政府通过为我们提供从事商业所需的货币而获得的利润。

因为制作硬币或纸币的成本（通常）小于货币本身的票面价值，所以货币供应商可以获得二者之间的差额。例如，美国铸币局发行的新的25美分硬币预计已经为美联储赢得了46亿美元的铸币税。通过向你、我以及其他使用美元的国家和地区提供实体货币，美联储仅仅在2010年和2011年就获得了总计约700亿美元。（美联储在发行电子货币时也会获得铸币税，不过跟直接利润相比，这是一种更为隐蔽的长期获利方式，就像任何企业的产品销售价格高于其生产成本一样。不过，它的法律垄断地位又将它与其他商业区分开来。）

美国的阴谋论者通常会对铸币税和美联储的半私人性质感到困惑，并声称美联储是一个恶毒的秘密团体——试想一下圣殿骑士团遇到了美国对外关系委员会。这些理论家声称，这些为非作歹之人利用他们的权势和财富来操纵世界政府为他们谋取利益。更令人厌烦的是，每年年末，美联储都会把铸币税移交给财政部。不管怎么样，波奇关于隐性税的观点是正确的。中央银行发行的货币是银行从人民那里借到的无息贷款。不过，到底这种利润是政府对人民的剥削，还是政府取之于民、用之于民，都取决于你的政治信仰。

我们是否真的需要实体的国家货币，这只是那个更宽泛辩论的一个分支。波奇说，你必须记住的关于货币的一点，就是它不只是单一的一个方面。"经济学家会告诉你货币拥有多种不同的职能，包括记账单位、延期支付工具、储藏价值等等。"他说，用这种方式来看货币，就能说明使用现金的各种弊端和浪费。"想想人们和社会已经采用了多少种方式来用电子货币替代现金。"比如说，如果现在有人把大量的积蓄都藏在家里，或者用现金来支付大额交易，会是多么荒唐可笑。你尽可以说银行和信用卡公司有多少缺陷——当然要说的话的确有很多可以说——但是他们的产品相比于其他公司的产品所能够提供的安全性，也正是他们能够获得丰厚利润的原因。与之相反，储藏价值和现金交易既有风险，又很麻烦。

波奇说得对，运输、储藏、保护、检查、补发、粉碎和印刷世界上所有货币的成本不菲。很难计算出准确的数额，虽然考虑到有利害关系的专营权，可能数额不会非常庞大，不过 1994 年的一份预估显示，美国在现金管理方面的费用为 600 亿美元。到了 2005 年，这个数字预计为 1100 亿美元。处理纸质支票又增加了 500 亿美元。2007 年，欧洲 3600 亿欧元的现金交易成本为 500 亿欧元（相当于 700 亿美元）。这些费用主要由商人承担，不过我们不需要经济学家指出就能明白，羊毛出在羊身上，最终这些费用将会以更高的价格转嫁到你我头上。

有人估计，如果将纸币转化成完全数字化的货币体系，各国可以节省 1% 的年 GDP。这对于美国来说，就意味着节省大约 1500 亿美元现金成本，这一数字是美国教育部年度预算的 3 倍。没错，运行和维护电子货币体系也需要投入一定的成本，但是物流方面将会节省大量成本，因此节省下来的总成本依然非常庞大。

除了美国铸币局、印刷局及其承包商，以及像布林克斯（Brinks）和路麦士（Loomis）这样的营业额达数十亿的物流公司之外，对于出现在现金生命周期中的所有其他人来说，现金都是一种财务负担。银行尤其不喜欢保管实体货币。2009 年和 2010 年期间，仅在美国就发生了 10000 起银行抢劫案。总部位于得克萨斯州的布林克斯公司的董事长兼首席执行官迈克尔·丹（Michael T. Dan）说："银行不喜欢现金，也不愿意在现金安保方面投资。"银行家对现金的这个判断是否能给我们带来一些提示？

波奇走回大厅打了个电话。他看起来有些苦恼。他来过这个博物馆好多次，我猜他是为了更好地了解他的敌人。不过我能感觉到，这个地方让他不舒服。这里的石墙和乏味的传统并没有表现出国家的宏伟壮观和坚如磐石的经济，而是象征着保守和守旧，以及对进步的拒绝，这对那些认同技术创新会促进积极改变的人来说实在可憎。

不过，他也许反应过度了。现在自动取款机几乎无处不在，随手取得现金也并不是什么难事。这不是正好反驳或者至少削弱了关于现金真的既不方便又成本昂贵的论点吗？当我提出这个疑问时，波奇用看傻瓜的眼神看着我。

在富裕的国家，自动取款机也许降低了人们使用现金的成本，因为取用现金并不是什么难事，但是在其他方面，它们只会带来隐藏的成本——并且还会增加新的成本。维护现金安全就是最耗成本的。在伦敦的某个地区，自动取款机附近多次发生抢劫案，以至于现在那里开通了警察热线，以供居民申请警察护送。"谁来支付这些护送的费用？当然是我们！"波奇说。

波奇很擅长谈论这些无聊的问题：一个中国上海人在过去10年间攒了37000个硬币，当他去银行兑换纸币时，却得知需要缴纳兑换费，每50个硬币要交1元钱的兑换费，总的兑换费用差不多相当于两麻袋硬币。波奇问我："你看过那个新闻报道吗？6万英镑的现金存在地下室，被发现时都腐烂了。"我说没看过。"我们全都要为此买单。新发行的20英镑纸币也不例外。"他指着后面那张关于埃尔加20英镑的海报说。在日本，发放养老金的那一天，成千上万名警察被部署在全国各地的银行和自动取款机周围，以防老年人在取现金时被抢劫或者被骗。不管你喜不喜欢，公民都要为警察的到场买单，就像我们要为世界各地针对现金犯罪的所有调查和起诉买单一样。最近，在（真正）现金稀缺的阿根廷，由于通货膨胀和钞票稀缺，人们被迫在银行门口彻夜排队，只为了第二天早上能够取到钱。2010年，爱尔兰一位政府部长提出了向公民征收自动取款机使用费的想法。如果人们使用自动取款机的次数减少，也许抢劫的动机也会随之减少。他之所以会这么想是源于一次绑架案件，一个团伙绑架了一名银行经理的妻子，并索要 30 万欧元的赎金。不过，这个征税建议很快就被否决了。

2010 年秋天，美国财政部宣布新版 100 美元纸币的正式发行将会推迟。这版新美元原定于 2008 年进入流通领域，但是被推迟到了 2011 年，现在发行日期再次推迟了。原因是已经印制出来的有些纸币在放进压力机里的时候有小褶皱，因此油墨没有均匀地印到钞票上，导致出现了一些微小的空白处。

因为现金能为社会带来诸多益处，所以我曾经天真地希望，财政部或印钞局的官员也许会公开谈论这个失误。在不向造假者透露机密信息的情况下，他们可以利用这一事件来提醒公众现金的各种益处，并借此说明提供充足的、安全的钞票并不是一件容易的事。

不过，目前为止，还没有一个人站出来谈这件事。这次纰漏造成的成本可能永远也不会公之于众。这笔账算起来可有点儿意思。我们听说这些问题钞票的制作成本是 1.2 亿美元。调查和清理这批有缺陷货币的成本十分昂贵：要召回、检查并销毁旧纸币；要修理或更换设备；银行要承担的补给现金供应所需的费用；此外还有间接成本，包括运钞车运回问题钞票，并在不久的将来送回没有问题的钞票所带来的燃料成本和碳排放等。

不过总的来说，大部分人都不愿去思考他们现金的成本。在美国，对信用卡公司和收入过高的投资银行家的愤怒似乎已经将我们吞噬，我们没有多余的精力再去担心、抱怨或者注意到现金的缺陷。即使有，人们的感受也与事实相反：美联储最近的一次调查显示，接近 67% 的人都认为现金是一种"成本非常低"的支付形式；他们认为，与信用卡、借记卡、支票、预付卡和银行转账相比，目前为止它是最便宜的。为什么我们的认知会错得这么离谱？

最近美联储的另外一项研究详细调查了回馈卡——就是那种可以提供航空里程、酒店积分、购物或用餐折扣以及其他"返现"优惠的卡。意料之中的是，使用这种类型信用卡的客户一般都比较有钱。至于低收入人群，他们即使负担得起信用卡，也不会签字办理需要年费的那些卡。

总得有人为这些所谓的赠品买单。银行会承担一部分，不过美联储的经济学家发现，余下的成本都来自现金用户，也就是那些低收入家庭。由于信用卡公司会从电子支付的"特权"中抽取手续费，商家会总体提高各个商品的价格。这被美联储的经济学家描述为"非信用卡（现金）用户的钱含蓄地转给了信用卡用户"。当参与某个福利计划的普通信用卡用户每年获得价值750美元的奖励时，普通的现金用户每年要多支付20美元，这样他或她不认识的某个人才能免费换取一晚五星级酒店的住宿。

这份报告让人们大开眼界，或者至少了解了一个事实，那就是这些奖励并不是免费的，总要有人为此买单。我完全赞成能有一些信息让人们更加批判性地考虑各种货币形式的运作和隐性成本。但是当波奇看到这份研究报告时，他看到了一些不同的东西：实体货币有能力持续不断地成功逃脱批评。从来没有人看到甚至是提到过现金对整个社会的负面影响。我们似乎根本就不会想到现金成本这个概念。

波奇说，从这个角度来看，"信用卡和非现金用户也在为现金用户买单"，这对所有人都不利。换句话说，所有人都要为现金的巨额成本付出代价，包括那些选择不使用现金的人。你可能会认为数字货币会剥夺穷人的公民权，或者担心低收入人群的需求会被波奇等银行从业人士忽略。事实并非如此。我们很快就会谈到现金对穷人是多么苛刻。

处于交易终端的零售商对现金爱恨交加。他们中的有些人因为信用卡和借记卡的手续费而讨厌它们，所以他们一般只收现金，并且认为这是他们唯一现实的选择，目前来说也确实如此。一项研究表明，零售商用信用卡收款的成本可能是收现金成本的 6 倍。而且对有意逃税的商人来说，现金显然很有效。

不过，有些商人已经在生意运作中意识到了使用现金的高昂成本。遭受抢劫的风险一直都是夫妻小店的一个大问题，而且收现金和分配现金会花费价值几百美元的劳动力和时间，因为收银员要花大量的时间和人力来收钱和精确到分地给客人找零钱。当使用现金的客户越来越少时，为了保留现金结算，商品价格只会不断增加。废除现金，就可以少聘请几位收银员，少一些安全隐患，防止员工揩油，并且还能减少滋生的细菌。

作为一名企业主，除了惯例之外，没有什么能阻止你抛弃现金。在美国，没有联邦法令要求你必须接受现金。你可以自由设定交换你的商品和服务所需的支付条件，包括货币形式、价格、支付期限和币种。法定货币只意味着当我已经欠你或银行的债务是以美元计算时，我就要用美元偿还债务，你不能突然拒绝接受我用美金来偿还。除了这种情况之外，作为一个企业主，你完全有权利明确规定只接受日元、探戈舞课程、未切割的红宝石、航空里程的电子转让或者网络视频游戏的游戏币等支付形式。

很多大航空公司都规定客舱内不收现金，这就是很好的例证。另外一个例子是曼哈顿一家名叫"商务餐厅"（Commerce）的傲气餐厅。这家餐厅的合伙人托尼·扎祖拉（Tony Zazula）在接受《华尔街日报》的采访时，对餐厅不再接受现金的决定做了这样的解释："如果你没有信用卡，可以用借记卡；如果你没有借记卡，那你可能没有在银行开户。如果你没有银行账户的话，你可能根本就不应该来我们餐厅吃饭。"可以把这看作是扎祖拉在试图减少美国人对借贷的瘾。不过，客户在这家餐厅依然可以用现金付小费。

    波奇很高兴地告诉我，又有新的盟友加入了对抗现金的战争，尽管他们的立场不像他自己那么"激进"。在意识到支票效率低下后，英国政府已经设立了一个目标，要在 2018 年秋天之前废除支票。没错，支票不是钞票，但是它们同样效率低下，又同样成本高昂。用支票支付就像是在大街上向一群陌生人打开你的钱包；支票印刷公司、金融机构、运输公司、结算机构、银行等等，如果你通过邮件收取无效支票，还要算上邮政公司，它们都要分一杯羹，或者需要某种形式的外部补偿。

    与此同时，大学校园、公司的办公场所、医院和军事基地，都已经是没有现金的迷你社会了，人们在这些地方使用无现金的支付系统，如与个人账户相连的条形码标记或者储值卡。（这基本上跟你在收费站通过快速通行系统时交费所用的技术一样。）在其他国家，对抗现金的和平起义正在兴起。在荷兰，超市打算在 2014 年实现无现金化。此外，一个荷兰零售商联盟已经成立了一个委员会（名为"无现金特别工作组"），正在向市民宣传使用电子货币就等于省钱的观念。

    斯堪的纳维亚半岛上的国家，尤其是瑞典，正在采取更为强硬的手段。瑞典人拥有使用现金的文化传统，也正因为此，这个国家的抢劫案件也很多。2009 年秋天就发生了一次抢劫案，一群盗贼把偷来的直升机降落在斯德哥尔摩外面的一个现金仓库房顶上，顺着绳索沿着天窗被炸出的洞爬下去，并在几分钟内带着装有 700 万瑞典克朗（约为 500 万美元）的几个行李袋爬回直升机，然后向北边飞去。*不过，在这场好莱坞电影式的大抢劫之前，像波奇这样的人就已经盯上了瑞典，因为该国的央行行长斯特凡·英韦斯（Stefan Ingves）曾因高谈阔论实体货币的成本而赢得赞誉。

英韦斯对我说过："人们认为他们不应该为现金买单，他们觉得现金是免费商品，他们应该随时随地都能取到现金和兑换现金。他们理所当然地认为无论自己在哪儿买东西，那里都应该有充足的纸币和硬币；他们不考虑这个过程是如何运作的。"现金的分配和维护工作是一个几百年来的挑战，很多政府和银行都应对得非常不错。不过我们忘了，这不只是商业银行或拥有自动取款机的公司的一项服务，也是最初提供钞票的政府为之付费的一项服务。每天在世界各地大约有5亿张新钞票在印刷公司、中央银行及其客户之间移动。这指的仅仅是新货币。

在一次演讲中，英韦斯还辩论说，当一个国家在考虑对现金的支出与计划时，抢劫的成本（包括安全工作人员、保险赔付、调查与诉讼）也应该计入总体核算中。在过去几年中，瑞典警察、公民、政治家和银行家已经加大了反现金的活动力度。一个由数千名银行员工组成的协会正在游说当地政府废除实物货币，他们的活动甚至得到了当地曾经很有名的阿巴（Abba）乐队成员比约恩·奥瓦尔斯（Bjorn Ulvaeus）的支持；他的支持有些怪异，不过引来很多人关注。

不过，或许与你猜想的不同，大部分政府依然不会以负面观点来看待现金。就像硬币一样，尽管现金的使用在持续减少，但纸币的订单一

---

* 几年前在英国发生的另外一起案件中，一名现金库房经理被绑架，他的妻子和儿子被抓走当作人质，这次绑匪抢走了5300多万英镑（折合9250万美元）。

直在增加。流通中的美元总价值已经从 1970 年的 510 亿美元增加到了
2011 年的 1 万亿美元。

更多的实体货币进入流通领域，然而在交易中对它的依赖性却降低
了。这是为什么呢？这些货币去哪儿了？现金支持者对这种趋势的解释
是：在经济动荡时期，人们认为现金是储存财富的更为可靠的方式。如
果利率和通货膨胀率都比较低的话，为什么不持有现金呢？如果你对金
融机构的信心或热情已经被动摇，除非你与世隔绝，否则你没有理由不
抓牢自己手中的货币。

近年来，人们确实减少了信用卡的使用。很多消费者甚至不再使用
借记卡，强烈反对任何银行产品（除了中央银行的产品）。在一项研究
中，42% 的受访者说他们在 2010 年使用现金的频率比 2009 年高。遗憾
的是，这种行为转变只涉及系统内实物货币的一小部分，它不能充分解
释为什么有这么多的现金在流通，人们怎样去使用现金，以及为什么现
金如此让人神往。

波奇清楚地解释说，这就像为反罗宾汉提供资助一样："现金就是
一个税收黑洞。"此时我们正在一个摆满了几个世纪以来的各种收据的
展示柜前徘徊，这些收据上面有手写的贷款金额、支付款项和征收税款。
他说，通过向我们提供现金，政府反而助长了他们本希望能控制的避税
行为。"难道没有人觉得这一切怪异吗？"

波奇在一篇博文中进行了详细阐述："没有人在日常交易中使用
500 欧元的钞票，如果将它们撤出流通流域，对欧洲 99.97% 的人都不
会产生任何影响，只要他们不试图避开西班牙房产税。"他对 100 美
元也提出了类似的批评。虽然印着富兰克林头像的货币是"小面额货
币"，但是根据印钞局网站的数据，它们占流通中货币总量的 60%。仅

在 2010 年，印制的 100 美元钞票总额就达到了 2680 亿美元，其中大部分已经或者将要被迅速送到海外，因为海外的大部分银行和毒贩都需要它。按照美联储的估计，90% 的百元美国钞票已经送到国外的银行，并且其中绝大多数都不会再回流到美国。

虽然政府通过提供现金而获利，但他们也正因为如此才被骗去巨大金额。这就是被美国国税局称为"税收缺口"——即纳税者应该缴纳的税款与实际缴纳税款之间的差额——的一部分。2008 年，大约有 84% 的美国人自愿申报并缴纳应缴税款。但是缺口依然存在：每年的差额接近 3500 亿美元。

波奇在其博客中提及了他与一位咨询顾问的谈话。此人声称自己通过给承包商支付现金，节省了一大笔钱——"每支付 2000 英镑能够节省 50 英镑。"波奇回答说，他应该被警方拘捕，并以密谋逃税罪起诉，因为那些供应商想要现金明显是为了避税。波奇继续写道："我反对这种行为，是因为通过帮助他人（和他自己）逃税，这个人导致我交了更多税——使用现金促使财富从遵纪守法的人（比如我）转移到了违法的人（比如他的承包商）那里。这对我来说是不道德的。"这段话也帮助解释了为什么波奇反对简单界定抱怨法定货币的人。他支持电子货币的一部分原因是，它可以帮助政府让逃税更难以操作。

在美国，公开逃税或者利用现金交易逃税并不能解释所有的未收税款。有意逃税只是逃税中的一种。违规或未缴纳税款可能是由于有意或无意漏报、少付以及未报［但是我们不要骗自己了，这一条肯定是有意的，因逃税而入狱的演员韦斯利·斯奈普斯（Wesley Snipes）可以证明］造成的。美国政府每年由于个人漏报、少付或未报税款而承担的损失接近 2600 亿美元。其余的税收差额则来自企业。*

然而逃税已经成为日常生活中的一部分，因此，世界上像波奇这样的人反而听起来像个捣乱分子，虽然他的呼吁其实是果断而又理性的：人人足额纳税，这样每个人的税负都能降到最低。

在美国，逃税的一个独特情况就是，最有可能逃税的群体通常也是抱怨逃税带来更严重后果——也就是美元贬值的同一个群体。想想那些民众普遍缴税不足的国家。（没错，我说的就是希腊。）政府、经济和货币都被削弱到崩溃边缘。即使政府不会被推翻，巨大的税收缺口也会加剧预算问题，这会损害经济，并损害公民对货币的信心，从而削弱货币价值。通过进一步恶化政府的预算困境，逃税者让所有人的货币都减少了，包括他们自己隐瞒未报税的那部分货币。

有人说政府不应该干涉货币，这真是好笑。政府的确不应该没收公民的财产，但是这种抱怨恰恰显示了我们对货币价值的理解是多么贫乏。你可能看到过茶党活动中反对奥巴马的保险杠贴纸和宣传画，上面写着："我将保留我的金钱、自由和枪。你尽可以改变。"但是只要谈到国家货币，政府就是你的财富，或者更准确来说，你的货币之所以有价值，仅仅是因为人们对政府的管理能力和偿还债务能力有信心。如果政府真的不再干涉货币，你手里的货币将一文不值。

不过从实际的角度来说，一个贫穷的清洁工人漏报几百美元的税，这跟企业、个人隐瞒几十亿美元的海外资产或者通过复杂的法律阴谋得到的资产，还是有很大区别的。虽然经济形势紧张会对很多人造成负面影响，但是我们很难不去同情几百万挣扎在贫困边缘的人们的漏税行为。

---

* 这些是 2001 年的数据。很遗憾，在这之后美国再也没有测算过税收缺口。

如果我连吃饭都成问题，我又怎么可能不这么做呢？

但是从原则上来说，蓄意避税并没有什么等级层次之分，而且令人好奇的是，公众竟然对这 3500 亿美元的税务缺口没有什么兴趣。尽管其他道德准则会建议我们管好自己的事，但是波奇是对的。我们的同胞是否如实缴纳了自己的税，这跟我们是有关系的。民主制度的正常运行依赖这一点，而且，即使你不接受这样的观点，至少也应该坦诚地分辨不同的两种观点：支持现金的正当辩论和纯粹只为了保留偷税漏税的自由而提出的反对意见。

但犯罪行为并不是只有偷税、漏税。

在前一天的数字货币论坛上，有一个人的演讲的确吸引了我的注意力，他详细介绍了现金作为犯罪集团货币的作用。在意大利，账面外的交易每年从政府手中夺走 1000 亿欧元，这相当于该国 GDP 的 20%。在希腊，这个数字超过了 27%。除了这两个国家，美国、比利时、西班牙，甚至是一贯循规蹈矩的德国，地下经济的规模也都接近或者达到了两位数的百分比。

在很大程度上，高面值的钞票使得这种情况成为可能。在日常生活中，公民越来越避免携带大额钞票，然而 500 欧元、200 欧元和 100 欧元的纸币占欧洲大陆流通总额（5000 亿欧元）的 60%，尽管我们已经看到，"流通"仅是相对而言的。意大利银行最近一项研究的结论是，500 欧元的纸币深受走私者、洗钱者和毒贩子喜爱。在西班牙，500 欧元的纸币被戏称为"本·拉登"：从来都没有人见过，但是所有人都知道它的样子。

纸币的面值越高，就越容易储存、管理和移动。2003 年，美国士兵在伊拉克萨达姆·侯赛因的一个宫殿里发现了价值 6.5 亿美元的簇新的百元美钞。总额为 100 万美元的百元美钞重达 22 磅，然而同等价值的欧元纸币仅为 3.5 到 4 磅重。2010 年，一名阿富汗官员被指控从阿富汗携带 5200 万美元出境，他是这样为自己辩护的："这不是真的。5200 万美元堆起来跟这个房间一样大！我怎么搬得动？"（最后他被判无罪。）与此同时，驻扎在伊拉克和阿富汗的美军官员正在尝试用借记卡和其他电子货币系统来替代实物货币。一位高级军事官员写道，他们的目标是减少"对现金的大规模依赖导致的潜在的军事不良后果"，因为当你在黑市买武器时，现金可是个好东西。

波奇似乎对说明现金在犯罪中的作用的各种例证津津乐道，其实就是各种例证都证实了现金是一种"威胁"，通常会破坏发行它的政府所做的努力。棉花产业的游说者为钞票进行了带有民族主义的老掉牙辩护，盗贼和逃税者则盲目地攫取我们的财产，波奇说他们能这么做，靠的全是我们提供给他们的钞票。"我们让他们的生意得以成立，或者说至少变得容易了很多。现金让犯罪分子得以保持匿名、储藏价值、进行支付以及其他所有事务。"这意味着我们给他们提供了"交叉补贴"，他说，"几年前，当警察冲进一个墨西哥毒贩的家中，并搜出 2.05 亿美元现金时，你不得不怀疑财政部到底站在哪一边。"

这种观点并不偏激。《华尔街日报》在 2010 年 7 月曾经报道过："黑帮、毒贩和洗钱者似乎有助于维持欧元区的金融稳定。根据欧洲当局的说法，这得益于他们对高面值欧元纸币，尤其是 200 和 500 欧元纸币的需求。在应对金融危机时，每当财力受到质疑，欧洲央行就会发行这些纸币，以获取巨额利润，这在当时还受到欢迎。"花旗集团首席经济学家等主流银行高管就曾经注意到欧元作为"地下和黑色经济首选货币"

的角色。*

为了回应现金会诱发逃税以及犯罪行为这一现状，一些国家正在尝试限制公民可获得的现金金额，或者用纸币可以进行的交易金额上限。在意大利，任何超过 5000 欧元的交易都必须采取其他方式支付。在希腊，政府目前禁止公民使用现金支付超过 1500 欧元的交易。这是控制偷税漏税的可行方法吗？可能不是。你怎么执行这些规定？但是我也不认为这些措施愚蠢荒谬。如果使用现金购买昂贵的单程机票不合法，那个试图炸掉飞往底特律航班的 23 岁小伙子也许就不会这么容易地登上飞机。至于劫机、海上抢劫、武装抢劫，斯德哥尔摩警察局局长的话一语中的：“现金是犯罪分子身上流动的血液。”

有些国家的政府已经决定废除高面值货币，或者减少它们的流通。加拿大央行表示，2000 年加拿大终止发行 1000 加元面值的钞票，以此“作为打击洗钱和有组织犯罪措施的一部分”。英国调查人员得出结论，英国境内的高面值纸币中有 90% 都落入了黑帮、毒贩子和洗钱者的手中，因此英国的货币兑换处已经决定不再提供 500 英镑的钞票。这与美国财政部在 1969 年终止发行面值为 500、1000、5000 和 10000 美元钞票的决定如出一辙。它们不一定会对毒贩和洗钱者造成多大的影响。美国移民海关总署在 2010 年进行的一项研究发现，墨西哥毒贩把现金用船运到南方的一些国家来洗钱，每年的洗钱金额在 190 亿美元到 290 亿美元之间，然后用这些钱来购买汽车、土地、酒店和其他商品。

现金与犯罪之间最直接的联系当然是抢劫。每年都有大约 800 名美

---

*注意，新加坡极少有人使用的面值为 10000 新加坡元的钞票是世界上面值最大的货币，在 2011 年相当于大约 7700 美元，其次是瑞士的 1000 瑞士法郎，相当于大约 1100 美元。

国人在现金抢劫中遇害。如果犯罪分子知道没有现金可抢的话，2009 年和 2010 年期间的 10000 起银行抢劫案就不会发生了。然而，似乎从来没有人想象过没有现金抢劫的世界，就好像我们对那些劫匪的崇拜之情让我们想要保留银行抢劫案的存在，而抢劫案就像一种有趣的消遣活动一样。

2009 年，一个名叫托尼·穆苏林（Toni Musulin）的默默无闻的法国公民在开了 10 年运钞车之后，最终没能抵抗诱惑，有一天开着装有价值 1160 万欧元（大约相当于 1700 万美元）的运钞车跑了。不过，他有些力不从心，难以应对，于是几天后走进摩纳哥的一个警察局自首了。

穆苏林瞬间就在网上成了平民英雄。脸书上的粉丝用数千次浏览和众多评论表达了他们对穆苏林的支持。其中一个网民写道："托尼加油！"另外一个网友写道："革命万岁！"在一个危机四伏、经济不稳定的时代，有一个普通男人站了出来，用他知道的唯一一种方式来对抗腐败的政客和贪婪的银行家。不管怎样，这是一个美好的故事版本。遗憾的是，对穆苏林来说，脸书的众多仰慕者跟法国的法律并没有关联。他被判入狱服刑五年。

至于应对这些银行抢劫案的成本是多少，我们又只能靠猜测了。联邦调查局追踪了很多信息，包括采用的作案手法（在 2010 年的银行抢劫案中，使用枪支的次数不到 1500 次，金库或保险箱盗窃只发生了 15 次）以及抢劫案发生在星期几和哪个时段（周二和周五的上午发生的抢劫次数最多）。他们还跟踪了受伤人数（106，大部分是银行职员）、死亡人数（16，大部分是抢劫犯）、全年的抢劫金额总数（2010 年大约为 4300 万美元）。但是受伤人员的治疗和心理咨询、爆炸之后的维修、新安全系统的安装、调查、审判以及监狱已经挤爆的床位等等，这些成本又该怎么办呢？据估计，如果能够消除银行和其他地方的抢劫行为，每年能为美国节约近 1500 亿美元。

行贿受贿是现金的另外一种有趣的用途。2009 年，新奥尔良前民主党议员威廉姆·杰斐逊（William Jefferson）因受贿超过 40 万美元而被定罪。无论如何，这个金额在贿赂案件中并不算多，但是他把 9 万美元放在冰箱里可就是个稀奇事了。2010 年，调查员发现阿富汗的一个重要的货币转移公司通过把现金发到海外来将塔利班贩毒获得的数十亿美元洗干净。如果这还不算严重的话，几个月后我们又得知，伊朗政府定期向阿富汗总统的一位高级助理赠送装满现金的袋子。让这种侮辱更加讽刺的是，这些现金是欧元。很明显，就连伊朗或阿富汗的官员都不认为他们本国的货币具有值得信任的储藏价值。

在这里借用波奇的一句话："难道没有人觉得这很奇怪吗？"在没有现金的世界里，金融犯罪并不会就此消失。但是电子盗窃一直都会存在的事实并不能成为保留现金的完美理由。

波奇和我的博物馆之旅在穿过一个礼品店后将宣告结束。店里没有别人，只有一位老太太站在收银台后面。我一时兴起，决定买两块巧克力。它们的包装看起来就像金条一样，上面用奢华的字体印着"英国央行"四个字。这些巧克力可以作为让人焦虑、陷入沉思的素材，让人想到黄金、货币、商品、中央银行和价值本身，不过事实上我只是想要几块巧克力。

不过结账时我们遇到了一点儿问题，付款不成功。不是信用卡刷卡机或者收银员本身的问题，就是我的卡失效了。实际上，这种难题对造访欧洲的美国人来说很常见。美国的信用卡使用的是磁条技术，而欧洲的信用卡则内嵌了一个微小的电脑芯片，在持卡者输入密码后即可验证。欧洲的很多终端设备和便利店都不能识别磁条类型的信用卡。波奇可能比起其他任何人都更了解这种技术的复杂性以及背后的通信网络，在这种情况下，这个设备看起来是能够处理我的支付的。不过因为波奇不想让这位老太太难堪，就没有向她指出哪里操作得不对，而是慷慨地用他的英国航空维萨卡为我的巧克力纪念品结了账。

离开银行后，我们步行到了坎特伯雷街的地铁站。波奇说："也许问题在于政府部门之间没有好好算上一笔账。"在国家财政部通过铸币税获得收益的同时，其他政府部门，从国税局到联邦调查局，再到司法部和联邦缉毒署，都为流通下游的现金混乱局面付出了巨大的代价。波奇问了一个合理的问题：这些部门各自的预算不是最终会影响财政部的总体状况吗？

为了大量减少现金相关的犯罪——先不说国债——波奇和其他人提出了一个短期建议，也就是终止面值较高的钞票的流通，包括100美元、500欧元、200欧元和100欧元。这个建议荒唐吗？也许有一些。美国现在正在推出最近重新制作的新版100美元纸币。除此之外，还要维护那种价值永存的神话。尽管如此，终止现金流通能够节省下来的成本还是相当可观的，而且让犯罪分子为下一个经济刺激方案买单的想法则具有无法抗拒的诱惑力。波奇说："那些不缴税的人越来越富有，而我们其他人却越来越穷。"

不过，他对现金战争的走向还是出奇地乐观，虽然他对英国央行和美联储的反对派势力已经不再抱有幻想。尽管如此，波奇还是受到了鼓励，因为他的支持者越来越多，对实体货币的成本越来越不满、采取措施来消除现金的人群的确来自各个领域，并且阵容还在不断扩大。这其中包括尝试限制现金支付的政府、不再提供高面值钞票的货币兑换处，还包括零售商、银行职员，甚至还有军事官员。

另一方面，政府和纸币制造商也在奋力反击。他们希望通过推出高科技战略来挫败另外一种犯罪分子，那些因为现金才得以存在的群体：制造假币者。

第三章

假币制造者

我掏出那张钞票并展开，只瞥了一眼，我就
差点晕倒了。500 万美元！天呐，我懵了。

——马克·吐温，《百万英镑》

超级伪钞

2008 年夏天，一个名叫陈美玲的中国台湾女子在造访加利福尼亚州时，焦急地等待着她从台北寄给自己的一袋脱水海鲜。那个 7 月的下午，加利福尼亚国际机场空邮中心的海关人员在安检时立了大功。在陈美玲本应装满海鲜的箱子里，装满了一沓沓百元假钞，总额为 38 万美元。

这个发现并未对外公开，这样负责对付货币伪造者的联邦机构——美国特勤局就可以在这个包裹里面藏一个跟踪设备。当陈美玲用这些假币购买东西时，她在现场被抓个正着。她对将假币带入美国境内及使用假币购物的指控供认不讳。她被判在联邦监狱服刑 3 年，并且她用假币"购买"的各种奢侈品也被没收。

虽然陈美玲的行为听起来很厚颜无耻，但是在制造假钞方面，她只是小巫见大巫，比如说，21 世纪初，一个洛杉矶男人用办公用品商店买来的喷墨打印机制作了 700 万美元的假钞；20 世纪 90 年代，一个叫阿特·威廉姆斯（Art Williams）的人印制了价值数百万美元的假钞；2003 年到 2005 年间，德国图形艺术家汉斯·于尔根·库尔（Hans-Jürgen

Kuhl）印制了 1650 万美元假币。当然，陈美玲的勇气比不上过去那些在罪犯会被处以死刑的时代还敢伪造硬币的人。其中一个伪造者是威廉·查洛纳（William Chaloner），他是 17 世纪英国一个大胆的骗子兼情趣用品销售员。他因为伪造硬币被捕，由当时担任英国皇家铸币厂负责人的艾萨克·牛顿定罪，后来被判处极刑"挂、拉、分"（hanged, drawn and quartered）。

不过陈美玲的包裹事件带有不祥的预兆，因为它与一些更富有末日特色的危险相关：核武器和恐怖主义。她试图走私进美国的假币是一场持续 20 年的无限蔓延的调查的一部分，美国当局的这场调查涉及 130 个国家，导致 200 多人被捕。这些伪造的百元美钞属于一种被称为超级伪钞的假币。这些伪造的 100 美元和 50 美元制作精良，看起来几乎跟真币一模一样，难以区分。通常只有当这些假币流通回联邦储备银行时，用最先进的检测仪器才能识别出来。一位财政部官员说，当他用放大镜看超级伪钞的背面时，他发现伪钞上独立纪念馆钟楼的指针比真币上的更尖利一点儿。另外一名打假警察则说得更为直白："超级伪钞与真钞的唯一区别就是，它们不是美国政府制造的。"

打击造假的惊人成本

制造假币和打击造假都会带来各种各样的隐性成本。有一位叫约翰·钱特（John Chant）的经济学家尝试更详细地探讨这些成本，这个人叫约翰·钱特（John Chant），他是英属哥伦比亚西蒙·弗雷泽大学（Simon Fraser University）的退休教授。加拿大人跟造假有一种有趣的联系，这主要是因为一个来自安大略省的吸食大麻的 26 岁电脑天才。10 年前，韦斯利·韦伯（Wesley Weber）开始制作极其逼真的100加元假币，然后开始大规模制作。在巅峰时期，韦伯制作的假币遍布加拿大所有地方，甚至还出现在美国和伦敦。当假币泛滥到一定程度时，人们开始拒绝接受所有的100加元纸币。在多伦多和蒙特利尔，大约有10%到15%的零售商都张贴了告示，告诉消费者，他们不再接受100加元。后来在全国范围内，人们因为疑心不断，连同50加元的纸币一起拒绝接受。

调查员后来估计，韦伯在流通领域中加入了价值770万加元的假币。到2001年，加拿大每290张纸币中就有1张是假币，可能是韦伯或者其他人制作的。一开始韦伯非常低调。在他和朋友的造假技术趋于完美之后的五个月内，他都没有使用过一张假币。不过他的朋友尝试在家得宝、加拿大轮胎和其他当地店铺使用假币。没有人注意到他们的纸币是假的。因此韦伯也开始使用假币，最初是一张一张地花，后来就开始大把大把地花。很快他就拥有了一辆法拉利、一辆宝马、两辆越野车和一辆福特野马敞篷车，还在多伦多购置了一套华丽的公寓。

2000年秋天，韦伯发现他制作出来的假币被贴在安大略省周边的收银机上，以提醒人们注意辨别。与此同时，他的一个朋友得到了一封来自当局的信件，这封信强调了韦伯的假币中存在的缺陷，于是韦伯迅速进行补救。很快，他真的被现金淹没了：一个保险箱中放了30万元，柜子里放着大捆大捆的现金，甚至在冰箱里还放了10万元。

整个假币业务扩张的速度之快，可能连韦伯自己都没有预料到，而这种成功让他变得偏执。最终他决定向"一个中东人"出售假币，一开始要价是1元纸币售价24分，后来只要12分。2001年夏天的一个晚上，韦伯和同伙在湖边一个被改装成印刷店的小屋里工作时，警察破门而入。在他们还没反应过来发生了什么事之前，一切都结束了。（警察在几个月前就已经开始监视这个地方，还安装了监控设备。）韦伯对自己的罪行供认不讳，被判处 6 年监禁。顺便提一下，在服刑期间，他对股票市场产生了浓厚的兴趣。

在加拿大这样的国家，地广人稀，因此流通所需的纸币数量相对较少，韦伯的 770 万加元假币是一个不容小觑的数字。加拿大民众对纸币的信心更容易因为假币而崩溃，相比之下，美国人口众多，流通的纸币基数也大得多，更能增强民众对纸币的信心。2004 年，加拿大银行发行了新版纸币系列，其中包括新版 100 加元。但是这个国家高面值纸币的声誉损害不是那么容易就能恢复的。在离韦伯的造假点不远的地方，很多商店至今依然不接受 100 加元纸币。2011 年，加拿大又推出了新一版百元加币。

经济学家钱特说，考虑制造假币的众多成本的方法之一，就是考虑通货膨胀。如果我手里有钱，通货膨胀会带走它的一部分价值，转移到那些负有债务的人身上。为什么？到了年底，他们的债务价值会减少，同时我手里货币的价值也会下降。中央银行的作用就是采取预防措施来避免这种价值下降的情况发生。钱特告诉我说："高比例的通货膨胀会侵蚀人们对货币可接受性的信任。假币盛行也会对这种信任造成损害。"假币的问题在于会让货币的可接受性受损，即使只是人们对假币的担忧过度夸大。

但是造假的真正成本是在不愿意接受假币的人遭受损失时才开始累积的。钱特曾经试图考察与打假活动相关的成本。其中一些成本要由企业、组织和政府机构承担，他们或多或少会收到假币，因此必须采取措施来避免再次收到假币。比如说，赌场里设有现场检测假币装置。在货币兑换处、银行和其他需要经常接触纸币的工作场所，工作人员需要接受培训，来避免接受可疑的纸币。所有这些行为都需要花钱。

政府在与造假的斗争中产生的成本更模糊，也更高额。钱特所说的"隐藏的打假成本"包括：昂贵的货币设计、流通中货币的检查、重新发行新版本以及起诉和监禁造假者等。然而钱特说，要想得到关于这些成本的有意义的数据，你将需要把财政部、执法部门、中央银行、私人领域等等的所有预防成本加在一起。"也许已经有人做过成本效益的研究，但是我没有听说过。如果这些研究已经存在的话，它们将会被埋藏在某些机密文件中。"

解救一切的新版 100 美元纸币？

21 世纪初，随着超级伪钞在越来越多的国家出现，很多国家的银行开始询问美国财政部采取了哪些措施来解决这种情况。对美国政府来说，超级伪钞让其陷入极为尴尬的境地，从某些方面来看，重新设计美元变得不可避免。似乎别无选择，国家资助的造假已经成为外交难题。你该怎么办，对这些造假点实施空袭吗？还是派超级保安公司出面？

然而发行新版钞票不一定就能解决这个问题。事实上，它会带来一系列新的风险。从央行和打假官员的角度来思考一下。频繁发行新版钞票可以展示发行者提供可靠纸币的承诺，从而增强民众对纸币的信心。另一方面，政府发行新版钞票是造假分子转移假币、用假币洗钱的最佳时机，因为这个时候是公众最困惑的时期，他们不知道什么货币才是合法的。我都不知道我手里拿到的到底是真币还是假币。然而如果存在足够数量的假币，或者已经存在的假币造成了足够的压力，发行新版钞票就成了应对民众疑虑的唯一合理的方式。

2010年4月21日，在华盛顿特区的美国财政部大楼的现金会议室内，美联储、美国财政部、美国特勤局和印钞局的领导以及银行家、记者和经济安全代表们齐聚一堂，共同揭晓新版100美元纸币。（6个月后，由于亿万美元的纸币印刷出现问题，新版钞票的发行将会被推迟。）这场活动，或者说盛会，获得了媒体的广泛报道，但是并不是真正的头版新闻。

这场揭幕仪式就像精心编排的大型教堂礼拜一样，目的是为了增强民众对纸币的信心。财政部部长蒂莫西·盖特纳（Timothy Geithner）说："全世界的个人、企业和政府都对我们的货币抱有信心。他们使用美元，是因为他们知道，美元有迄今为止最先进的防伪技术作支撑，这种设计不会被窃取或复制。"

华盛顿的顶级金融专家们正在尽职尽责地铲除假币。制造货币过去是、将来也会一直是一场永无止境的军备竞赛。要超越聪明的造假者，就像要消灭所有的恐怖分子一样，是不可能的。防伪技术前进一步，伪造技术就会很快跟上，循环往复，永无休止。纸品制造商科瑞恩公司（Crane & Co）的副总裁道格拉斯·科瑞恩（Douglas Crane）在一次电台采访中说："你知道的，我们完全不能松懈。"这家位于马萨诸塞州的公司是印钞局用来印制现金的增强版纸张的唯一供应商，来自造假者的压力对他们来说非常巨大。

美联储主席本·伯南克在盖特纳之后第二个发言。他的演讲非常平淡乏味，应该是为了让我们对金融状态保持冷静。他对众人说："完好的货币是健康经济的基石，因此，美国政府必须赶在造假者的前面，保护我们货币的完整性。"在看完这次活动的录像视频后，我忍不住想，考虑到我们财政困境的规模和范围，现场是否有人觉得这种对货币完整性的鼓吹有些虚伪?

在政府网站发布的关于新版钞票设计的一段视频中，伴随着由弱变强的革命性鼓点、号角和弦乐声，一张崭新的100美元缓慢地转动。随着钞票上面本杰明·富兰克林的头像在屏幕中移动，防伪特征全部以黑体展示出来：3D防伪条、墨水中的钟形图案、肖像水印、防伪线、数字100的颜色变化。在演示视频的最后出现了严肃的指导性文字："新版100美元，了解特征，辨别真伪。"

但愿这能起到作用。防伪线在紫外线灯下能够闪耀粉红色光芒，这项技术已经投入应用十多年了，但是大部分人至今还不知道它是什么。当你举起钞票对着光看时，就会看见朦胧的水印图案，这项技术存在的时间更长一些，因此现在它们更容易辨认。不过，这并不是说，除了特勤局人员之外的任何人都能辨别纸币的真伪，因为骗子们也花了几十年的时间在练习伪造货币。神经科学家甚至已经证明，大部分人根本就不能辨别钞票的真伪。

如果我们中的大部分人都不熟悉并且很少去寻找那些旧的防伪特征，我们真正去了解和学会辨别新防伪特征的可能性又有多少呢？毕竟，上交假币的话，银行只会没收，损失最大的除了你，没有别人。你最好还是把它花出去，传到别人手中，不过我这么说是从纯粹经济学的角度出发，而不是要怂恿你犯下使用假币的罪。

这种情况在大部分国家都一样。在印度，我遇到过一个人从银行取款机取到了一张假的500卢比钞票(约合11美元)。当他把钱交给银行时，工作人员把这张钞票一撕两半，然后说："谢谢你。下一个！"如果说经济学解释了人们对刺激的回应有多么理性的话，央行行长肯定知道，民众并没有多少动力对假币保持警惕。他们更有可能表现出的是"不问不说"的态度。

确实，如果你认为保护本国货币的完整性要比买晚餐更重要的话，那么上交假币会带给你一种做正确的事的满足感。如果故意使用假币被抓到，那么你将会面临 15000 美元的罚款，或者 10 年监禁。在现实中，特勤局其实只对印刷假币者感兴趣。不过从法律层面来说，你依然面临着风险。

上缴假币不予补偿这种政策的依据是：将假币兑换成真币可能会打开闸门，变相地鼓励制造假币。犯罪分子可以制造假币，然后让其他人拿这些假币来兑换真币。然而并没有什么证据可以支持这种政策，它只是对我们可能出现的行为的一种推测。而且如果说经济学家能够确定一件事的话，那就是人们不会按照预期来行事。（日本的假币率在全世界是最低的，他们是上缴假币无奖励规则的一个例外。只要上缴的假币来自政府还不知道的假币批次，上缴者就有资格获得一笔"酬金"，差不多相当于假币的面值。）

不过，你还是必须把它交给联邦调查局，或者材料科学家。新版100 美元纸币采用了一些新奇的技术，尤其是富兰克林肩膀上面浮在墨水瓶的自由钟。把钞票倾斜一下，绿色的钟就会从铜色的墨水中显露出来。再把钞票倾斜一下，钟就会消失。对于一张纸来说，这样很酷。

蓝色 3D 防伪带也是如此。材料中的微小透镜创造出了微小的数字100 和自由钟正在移动的视觉效果。科瑞恩公司的一位顾问告诉我，他第一次看到新版钞票的原型时，感觉眼花缭乱。"这确实是一次量子级的飞跃。我是个化学家和物理学家，但是我完全想不出它是怎么运作的！在听了解释之后，我才理解了其中的原理，但是还是觉得它……太神奇了。"把钞票上下倾斜时，它们会从左向右移动。把钞票左右倾斜时，微小的数字 100 和自由钟会从上到下移动。这是一个精美的解决方案，是一位光学工程师的惊人之作。他把这项发明成果卖给了科瑞恩公司，毫无疑问，此刻他一定正在某个热带岛屿过着无比惬意的生活。

这项工艺设计更令人印象深刻之处在于，这种光学魔法的细带可以用相当合理的成本编入纸张的棉花纤维中，并且能够承受钞票将会面临的各种形式的磨损：褶皱、折叠、泡水等。

不过，这种新版 100 美元的防伪效果如何呢？

在新版美钞揭幕活动结束两个月后，在东京五反田车站附近一栋摩天大楼 18 层的一个会议室里，我见到了大日本涂料株式会社（Dai Nippon）的一个全息摄影和安全文件专家小组，该公司是世界上最有名的印刷公司之一。一个名叫上田健二（Kenji Ueda）的男人隔着灰色的会议桌递给我一张他们公司几年前为一家大型百货连锁店制作的礼品卡。

卡片上是蓝色的五大洲轮廓，点缀着粉色、黄色和银色的新月图案。当我左右或上下倾斜这张卡时，看起来就像有蓝色的 3D 球体在大陆内部移动。虽然我脑子里很清楚这是一个 2D 图像，但是眼前图片移动和深度变化的 3D 错觉依然十分强烈。这张卡是采用被称为"透镜阵列"的技术印制的，这并不是新版美钞上面采用的微阵列技术，但是非常接近。而这一点，正是日本专家所说的问题所在。

健二斩钉截铁地说："你可以把它传给别人。"他用的是执法人员的行话。在光线不足的环境中，比如说酒吧、赌场或者出租车上，人们很难区分这种视觉变化和新版 100 元美钞的图像活动，这就意味着造假者也许会采用透镜列阵来仿造新版钞票，如果说他们还没有开始这么做的话。

第二天上午，在地位相当于美国印钞局的日本国立印刷局，我又提出了关于新版 100 元美钞和"迄今为止人类已知的最复杂防伪技术"的问题。这次又有一位工程师隔着桌子像递出名片一样，双手递给我一份样本文件。这是一张蓝白相间、带有圆点的微透镜纸，倾斜时会呈现出新版美元钞票的 3D 效果。

他是在一家文具店买到的这种纸。他说："他们肯定会利用这种技术的。我认为这样的图像变化效果达到了中等水平。"他说的是造假者。也许世界上没有人能够完全破解隐藏在伟大的美国 3D 防伪条中的纳米技术，至少目前还没有这样的人。但是这并不意味着造假者不能达到极高的模仿效果。记住，造假者并不是要做得跟真币一模一样，他只需要做到假币不被人识破。

即使造假者不打算伪造新版 100 美元，他们还可以伪造其他面值的美元（以及旧版 100 美元）。由于彩色打印软件技术的进步，造假者们现在有能力使用现成的插图软件来制作高品质的假币，不需要经过嵌套式印刷和平版印刷的专业培训。1995 年到 2002 年期间，在美国缴获的所有假币中，数字化制作的假币比例从 1% 上升到了 40%。到了 2009 年，在美国境内流通的假币中，超过 60% 都是造假者利用印刷软件技术制造出来的。我不能透露身份的一个消息来源称，如果我们能够不再使用现金的话，特勤局的大部分案件都将不复存在，因为现在该机构的大部分时间都花在了追踪和搜捕那些利用喷墨打印机来制造假币的"疯子和瘾君子"上面。

纸币制造商和中央银行已经试图采取措施，打击采用喷墨打印来制造假币的行为，例如使用未在市面公开出售的变色印墨。另外一项防御措施是被称为"欧姆龙环"（EURion constellation）的技术，这种防影印技术包括纸币上的一些小印记或设计元素，它们按照一定的距离排列，就像天上的星星一样。由于 Photoshop 图像处理软件会将扫描或影印的任何内容处理成十分精确的图像，因此可以通过对该软件编程来寻找特定的模式。

如果检测到欧姆龙环，软件会终止运行，并在屏幕上显示出关于造假法律的警告信息。（尝试打印欧姆龙环的维基百科页面，看看会发生什么。）这看起来似乎是纸币守卫者胜了一局，但是不要忘了，互联网上到处都是热衷于解决难题的人和黑客。一旦检测到欧姆龙环，那些喜欢自己动手的人就开始寻找破解之道。系统的确阻止或震慑了很多技艺不精的造假者，但是它很难抵御那些更加审慎、更精通技术的造假者。

未来的 10 年中，我们一定会看到更多的创新成果，它们将会编织出更多关于最新钞票防伪技术的小故事，同时还能成功切中要害，解决更大的问题。我采访过一位工程师，他想让钞票带有经过摩擦就能发出香味的类似特征，不过他设想的那种钞票摩擦之后不会产生气味，而是产生一道光芒，就像你在黑暗中撕开透明胶带时擦出的那种蓝色小火花一样。（我已经能想象出为了提高公众认知而展示的简洁广告和政府宣传视频了，他们会用到这样的标语："发光才是正品"，或者"不发光等于假币"。）大日本涂料株式会社的科学家们正在研究如何让全息图看起来就像直接从 3D 电影中剪辑出来的一样。其他研究人员则已经发现了模仿蝴蝶翅膀上米色花纹的方法，并且已经提出将这种创新成果用于防伪印刷。

科技探索对工程师们来说一定很有意思，不过我为警察和央行银行家们感到遗憾，因为他们在职业生涯中不得不做个两面派，说一些自相矛盾的话。他们不得不让我们既对假币保持警觉，同时又要无视它们的存在。换句话来说就是：请对这种威胁保持敏锐的目光，虽然它并不算是个威胁，因为一切都在我们的掌控之中。我们的货币完全值得信任。

对假币的威胁漠不关心的民众正是信任本国纸币的民众，这对经济来说是好事。它也意味着你几乎从来都不会仔细检查别人交给你的现金的真伪。从很多方面来说，美元纸币被普遍接受同时证明了防伪工作卓有成效和美国经济的相对稳定。信心是会传染的。

如果每次收到美联储发行的钞票时，我们都要拿出便携式的紫外线灯来快速检查的话，我们对它的信心会有多强？有几次，我把20美元的钞票对着灯，想要找出那条防伪线，我每次都无法保持严肃的表情，因为我觉得自己好像在拙劣地模仿某个电影场景。检查钞票还会显得有些粗鲁，它意味着你不相信把这张钞票交给你的那个人。

特勤局的工作人员或者欧洲刑警组织的货币打假部门并不希望公民担心美元或欧元的真伪。然而民众恰恰又是打击假币的第一道防线。警察机构希望我们了解货币的防伪特征，毕竟政府、央行和我们自己都为这些特征付出了不小的成本，但是他们又希望我们从来都不会发现任何假币。对货币有信心是好事，然而过度自信会演变成自满。如果20美元或100美元的假币突然出现在市场上，却在几天或几周之内都没有被任何人注意到的话，假币将会泛滥蔓延到更广泛的区域，让警察更难找到其源头。

在不带有怀疑态度的情况下，我们根本就不可能对造假者保持警觉。当然，只要我们还在使用现金，这种不可调和的矛盾就必然会存在。在这种情况有所改变之前，当经济监管者试图让我们相信一切安好、一切都是真的时，我们别无选择，只能适应现状，眼睁睁地看着这些戏剧性表演和庞大的费用支出。

没有人真正知道假币到什么程度会破坏一个国家的纸币体系，或者更准确地说，破坏民众对货币的信心。同样地，我们也不了解政府为了预防这种情况的出现花费了多少成本。我们只知道政府在说："相信我们，我们把你们的钱用在了合理的地方。"而几家超级神秘而又富有的公司在告诉我们："相信你们的政府，不管他们付给我们多少钱，那都是值得的。"

虽然像美国、中国、俄罗斯和日本这样的国家已经将货币制造国有化，但是更多其他国家都是与私人供应商签订协议。即使那些货币制造国有化的国家也要从这些私人公司购买造币原料，例如美国就是从科瑞恩公司购买。虽然大多数影响我们日常生活的公司都会投入巨额广告费用来提升其品牌和标识的知名度，但是很少有人知道是哪些公司在制造世界上最普遍存在的东西——货币。而且这些公司乐于保持低调。它们包括英国的德纳罗集团（De La Rue）、美国的科瑞恩集团、德国的捷德公司（Giesecke & Devrient）、法国的欧贝特公司（OberthurFiduciaire）、澳大利亚的安保公司（Securency），以及几家规模较小的公司。

发展中国家的顶尖防伪技术

关于货币行业，令人好奇的一点是，有些技术含量最高的货币竟然会在那些经济较为落后的国家流通，比如尼日利亚、孟加拉、尼加拉瓜、巴布亚新几内亚和哈萨克斯坦等国家。引用贸易刊物《货币新闻》（*Currency News*）的话来说："有时候，国家货币的脆弱性跟它所采用的新（货币防伪）特征成反比。"

为什么会这样？这肯定不会是因为犯罪分子都在排队伪造孟加拉国

的塔卡或者尼加拉瓜的科尔多瓦。一种解释是，制造商给比较贫穷的国家提供折扣，从而换取免费的广告宣传。这些钞票就是移动的广告牌，向其他国家和地区的央行官员展示着最新的技术，尤其是那些富裕国家的官员。2010年，欧洲安全与合作组织的主席国职位轮到哈萨克斯坦。在获得这项明显的殊荣之前，哈萨克斯坦国家银行想要出点风头，彰显一下国家实力。因为花花绿绿的高科技纸币被认为是国家经济繁荣的一个标志，而且要比建立一个有效的医疗保障体系简单得多，于是哈萨克斯坦国家领导人决定全力以赴发行一套新版钞票。

这版面值为1000坚尼（约合6.8美元）的哈萨克斯坦纸币采用了至少十几种防伪技术。这些纸币由捷德公司印制，该公司的口号为"创造信心"。一位业内专家称这些纸币是技术"杰作"。然而研究表明，大部分人都想不出他们的钞票上有什么防伪特征。的确，有些特征只供点钞机或权威机构识别。但是，该国并不需要抵御大量的造假活动，而且纸币供应合同和费用也全都不对外公开，这么大的一笔投资实在是可疑。

哈萨克斯坦为这套新版钞票投入了多少成本？该国央行现金处理部主任盖茨·谢格诺夫（Gaziz Shegenov）在回复我的邮件中写道："很遗憾，关于国家银行制造这版钞票的成本信息保密。"还有一个原因，谢格诺夫跟钞票制造公司可能已经达成了一笔交易。如果你研发出了新材料或者新的防伪特征，并且需要进行流通测试，那么在一个订单规模较小的国家测试，要比在一个更为富庶的国家测试的风险小得多。

这个行业的声誉并非清清白白，也许这不足为奇。据说在过去，钞票制造商会进行暗箱操作，比如互相刺探对方的情报，甚至伪造其他国家的钞票，从而引诱竞争对手的潜在客户。2010年出现了一些谈及这些公司及其政府合作伙伴的负面报告。美国推迟新版100美元纸币的发行，这对美国政府及其货币供应商来说都是代价极高的尴尬事件。同样地，最新版欧元的发行也被推迟，另外还有瑞士的新版高科技钞票系列也被推迟，它由"纸—高分子聚合物—纸"三层材料制成，这种技术被称为"持久安全"（Durasafe）。此外，英国的反重大欺诈局（Serious Fraud Office）突然造访德纳罗集团，就该公司会计违规操作和伪造文件的指控展开调查。

最近在澳大利亚出现的事件更为丑陋，令人不齿。两年前，钞票原料供应商安保公司的一名举报人向媒体揭露了该公司贿赂外国官员的事情。实际上，他首先去了政府部门举报，但是他们不是置之不理，就是隐瞒他的投诉，因此他联系了媒体爆料。其他货币制造公司大多拥有悠久的历史，而澳大利亚的安保公司成立于1996年，是一股新生力量，在很多方面都给货币制造产业注入新的活力，就像网球巡回赛上新生小将激励实力老将一样。澳大利亚是世界上第一个采用塑料钞票的大国，而安保公司的目标是出口该项技术。从来没有人能够成功挑战纸币的霸权，因此当一家本土公司能够引领这项世界潮流，推出塑料钞票，这对澳大利亚人来说，既是一项伟大的技术成就，也足以让他们引以为傲。澳大利亚央行持有该公司的一半股权。

比起纸质钞票，塑料钞票更耐用，不易撕裂，尤其不怕泡水。在过去20年间，安保公司逐渐跻身曾经被纸币制造巨头主导的市场。他们的梦想是将高分子聚合物推广到全世界。但是为了实现这一梦想，公司高层显然贿赂了外国官员，才得以成为他们的货币供应商。举报人提供的信息以及《时代报》（The Age）记者的后续调查结果声称安保公司买通了尼日利亚和越南的官员，可能还买通了马来西亚以及其他国家的官员。为了达成协议，公司高管还为他们的潜在商业合作伙伴提供了妓女服务，这一点只能假设是用现金支付的。

2010 年秋天，澳大利亚央行宣布将出售持有的该公司股份，估计是想跟这桩丑闻撇清关系。但是危害已经造成，为时已晚。举报人已经证实，该公司与央行的联系是获得新合约的关键因素，而且该公司海外商务代表的名片上还印有澳大利亚央行的标识。该公司的高管人员大呼冤枉，声称数百万美元的"佣金"（其实就是贿赂款）仅仅是获得盈利业务的成本。截至记者发稿时，这桩丑闻还在不断爆出新信息，九名曾经与澳大利亚央行有联系的安保公司前高管人员面临指控，其中包括该公司的前副主席。想象一下，如果美联储也卷入这样的灾难性事件，我们该怎么办？

如果贿赂和其他不择手段的欺骗行为的确代表纸币制造行业的惯例，那么你一定会问：越来越多的钞票被加上花里胡哨的安全特征，企业和政府为此付出巨大成本，在这场无休止的循环中，谁才是真正的受骗对象？这就像现金在我们心中施加了一个迷幻咒语，让我们不想劳心费神去思考使用现金的代价。事实证明，这只是它迷惑我们头脑的又一个方式。

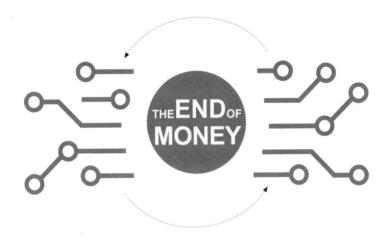

第四章

忠诚者

一切如此，一直如此，货币完全臣服

于人类意志，完全被它所吸收。

——格奥尔格·齐美尔，《货币的哲学》

信用卡是天使还是魔鬼？

几年前，福克斯（Fox）电台和电视台名人戴夫·拉姆齐（Dave Ramsey）创造了一个新词"plasectomy"（切除信用卡），大概意思是要放弃自己的信用卡，而且最好是以戏剧性的方式放弃。拉姆齐嘲弄说："放弃信用卡就像是做了整容手术，会让你面目一新。"

作为美国最受欢迎的个人财务指导师之一，拉姆齐会宣讲一些在你的能力负担范围之内的常识性生活小建议。成千上万人会花上高达220美元的票价去听他的现场演讲，看他在讲台上踱着步子，听他告诉他们一些已经在他的书中读过的内容，以及父辈可能早就教导过自己的内容：不要欠债。拉姆齐会现场用锋利的剪刀剪掉信用卡，而台下的信徒们会使劲鼓掌。他的著作《抓住你的财富》（*Total Money Makeover*）中并没有激荡灵魂的教义，但是却有一种不药而愈的意味。

考虑到宗教与金钱之间令人不快的关系，尤其是借贷关系，这样也就不足为奇。以不合理的高利率借钱，也就是高利贷，在数千年的历史中一直都是常识性的宗教禁忌，并且也一直遭到伦理学家的反对。银行贷款和金融机构的演变在很多方面都是为了找到在神学方面可以接受的、通融规则的理论策略，以便让放贷人在不触犯禁忌的情况下从借贷中获利。

现今，由于钞票是借据的代表物，因此根据你的信仰，唯一能够避免接触钞票的方法就是用黄金进行交易。在 21 世纪，解决这一限制条件的办法就是能够兑换黄金的自助取款机。

自动黄金贩卖机是一个德国企业家的发明，它会接受你的纸币或信用卡，然后给你小块金条或金币。2010 年，第一台自动黄金贩卖机在阿联酋的一家豪华酒店的大厅亮相，第二台则放置在佛罗里达州博卡拉顿的一家商场内。这种重达 1000 磅的机器最多可以储存 10 种不同的产品，并且还可以选择配置钼钢外壳。也许下次我们将会看到能够吐出一桶桶石油的自助机器。或者干脆承认你对国际货币体系已经失去信心，然后在这种机器里面装上毯子和子弹如何？

宗教意味与拉姆齐的把戏能够融合的另外一个原因是，我们已经陷入信用卡的圈套。美国人拥有 6.1 亿张信用卡——平均每人拥有两张，包括儿童在内——并且这些卡里的账单总金额是 8500 亿美元，不管是存入的还是取出的。另外还有财政赤字，不过现在我们先不谈那个问题。拉姆齐关于"切除信用卡"的主张为债务束缚这个令人扫兴的主题带来了一点儿变数。

那些曾经陷入过债务困境的人将"切除信用卡"发展到了暴力攻击的层面，你可以在 YouTube 上看到他们的暴力劳动成果。如果你正在为个人或国家的债务感到烦恼，可以看一些痛恨信用卡的人的自制视频，他们把信用卡放进搅拌机里打碎，用鞭炮把它们炸飞，用弓箭把它们射穿，伴着电影《惊魂记》（*Psycho*）刺耳的配乐从浴室的窗帘后面攻击它们。*

我最喜欢的一个 YouTube 节目是模拟狩猎类节目，叫作"跟着埃弗雷特·桑斯特盖德（Everett Sonstegaard）一起猎杀信用卡"。在视频中，桑斯特盖德用夸张而又缓慢的语调解释了今天的探险主题：一张用胶带贴在西瓜上的银色万事达卡。"现在，这个样品是去年收获的。"他一边说，一边往猎枪里装子弹。"这个样品发行了有两三年了，利率是19%。而且利率可能会越来越高，甚至达到两倍……"

画面切换。现在桑斯特盖德戴着防噪耳机，在丛林中匍匐前进。"我觉得我们在那儿发现了一个目标。"过了一会儿，他发现了目标。镜头锁定放在灌木丛上面绑着万事达卡的西瓜。砰的一声，西瓜被打爆，红色的瓜瓤四处飞溅，然后用慢镜头回放这一场景。

我要明确一点：这里关于现金和电子货币的对比说明，对信用卡并没有什么价值。我之所以用信用卡，是因为它们相对来说比较方便，虽然在英国央行的礼品店用不了。我也喜欢给小费。当然，现金不卫生也是我喜欢用信用卡的因素之一。不过，我也十分清楚，信用卡极其有效地催生了个人债务及其带来的经济困难。就像消费者保护监管人士伊丽莎白·沃伦（Elizabeth Warren）简洁概述的那样，信用卡公司"专挑那些最脆弱的对象下手，年轻人、老年人以及信用记录有污点的普通劳动者。"信用卡也深受那些会窃取别人身份及钱财的犯罪分子喜爱。

---

* 全国范围内终止借贷和购买更多东西，这样并不一定能解决我们的财政困境。要是它有这么直接就好了。因为美国民众的消费行为占据全球所有经济活动的五分之一，突然针对我们的债务上瘾采取措施，将会给全球经济带来板块震动级的影响，可能会比我们的大肆挥霍对财政状况造成的伤害大得多。

在公众眼中，信用卡已经成为现金实际上的对立物，虽然它们的性质并不是这样。信用卡只是众多不同支付工具中的一种，而且还是相当陈旧的一种。但是很难想象在解开我们对这两种不同货币形式的纷乱感受之前，社会会愿意终止使用现金。

2003 年，巴克莱银行（Barclays）的首席执行官承认："我不会用信用卡借钱，因为那样太贵了。"他的这番坦白很奇怪，因为巴克莱银行是世界上最强大的银行之一，也是世界一流的信用卡发行商。对于"切除信用卡"理论的践行者、冲动消费者，以及任何曾经陷入财政困境或者仅仅是想要节省一些开支的人来说，第一步要做的就是把这些该死的卡剪碎。然后，设定预算，并使用现金，这样你就可以确保支出不超出预算。或许你甚至应该采用负债人匿名互助会（Debtor Anonymous）成员所称的"信封法"：准备几个信封，按照每月开支的不同用途给它们贴上标签，分别写上房租、水电费、燃气费、生活费等，从储蓄账户里取出相应金额的现金，然后把钱分别放进对应的信封里。这样可以清楚地了解你的钱在哪儿，你的支出是多少，以及你还有多少结余。

现金拥护者辩论说，当你用现金支付时，尽管那些纸币不再拥有内在价值，但这种交换的实体性跟过去那种物物交换、使用具有可衡量价值的货币的交换相比，还是有相似性的。只要保证量入为出，这种显著性就是现金的一个优势。支出、资金流失、让出财产，随便你怎么给它命名，这些都是当着你的面发生的。印在纸上的金额数值能够更好地将钞票与价值概念联系在一起，胜过信用卡或者其他电子支付方式，或者说至少我们已经习惯了这么想。与之相比，使用信用卡会让人产生免费获得东西的感觉。它也不会提供固定的面值：如果你带着三张百元大钞走进赌场，你知道你最多会输掉 300 美元。如果你带着信用卡走进赌场，你可能会输掉整个房子。用现金一目了然。

在避免使用现金和硬币这一年的大部分时间里，我都对消费金额很有分寸。也许有那么十几次，跟朋友见面一起吃饭或者喝酒时，我们（主要是他们）会遇到麻烦。因为我没有现金，就没法现场支付我的那一份账单。不过那只是因为有人抢先一步，在我前面拿出信用卡结账，通常原因是他们也没带现金。在这样的情况下，就会有两个朋友尤其慷慨，耸耸肩说"下次你请"，就这么过去了。

不过，同样在很多情况下（或者说我自己以为有很多次），我也会请客买单。我也会有抢过餐厅账单的冲动（或者说我以为自己是这样的），或者至少希望自己不要吃白食。而且我也想多得一些信用卡积分，好去兑换航空里程。据美联储估计，在任何时候，每个美国人平均携带的现金为79美元。我觉得这个数字严重高估了现实情况，不管那些书呆子采用的估计方法有多么严密。没错，没有哪个人的朋友圈可以成为美国民众朋友圈的代表，但是通常情况下，我认识的朋友都不带现金，假如有人在聚会时抢先用信用卡付了账单，我们也很少会用现金来支付自己那一份账单。我买单的时候就没有收到过朋友付给我的现金。大部分情况下，我们会用两三张卡来分别结算，或者特别是最近，我们会用手机来互相转账。不过接下来会多讲一些关于手机代替钱包的内容。

我早就沉迷于信用卡带来的便利。在自谋职业的世界里，交易记录是报税季节的关键信息。而且我也喜欢信用卡提供的福利。我知道它们是一种精明的营销，有利于像我这样的小人物保持对银行和其他企业的忠诚度，但是因为我经常出行，我不在乎这一点。通过使用信用卡，我得到了一些"免费"的出行机会，因此它还是有一定的价值的，虽然这些价值并不像他们的营销和广告中说的那么多。

不幸的是，虽然为了支付必要的费用而借钱是欠债的真正原因，但是信用卡通常会让债务状况恶化。为什么呢？一代人的行为经济学研究结果表明，在对待和处理货币的问题上，那些标准的预测可悲地误解了人类的智慧。我们并不是完全自我本位的。我们的喜好并不是一成不变的。比如说，如果在超市货品的价签上标明消费税金额的话，我们会更加斤斤计较，然而如果同样的税在结账时才加进来的话，我们往往就会无视。根据费用标签的不同，比如贷款、折扣或奖金，我们对同一笔钱的使用方式会完全不同，而且我们的消费意愿受到支付方式的极大影响。在谈到金钱时，用来称呼我们的专业术语就是"愚蠢"。

早在 20 世纪 70 年代，科学家就在尝试解码信用卡的催眠力量。在一项富有开创性的研究中，即使在富有人群中，也有 15% 的参与调查者无法做到每月收支平衡。在另一项调查中，75% 的受访者表示"信用卡让购物变得更容易，经常买回不需要或者超出支付能力的东西"。尽管意识到了这种危害，但是信用卡的诱惑力太过强大，难以抗拒。这些受访者认为，信用卡的首要好处是让他们可以"没有钱的时候也可以购买，而且还能分期付款。"

我们来谈谈这句话的妙处：没有钱的时候也可以买。英语的使用范围已经极为广泛，怎么现在还没有一个简单的动词可以描述这种用信用卡买东西的行为呢？无论销售人员希望你怎么想，这种行为并不是买。我在这里提出一个词：用信用卡买（curchase）。比如说：我最近用信用卡买（curchased）了一辆新车。

即使信用卡只占据我们生活的次要部分，它们也能提高我们花钱和借钱的意愿。在另外一个具有里程碑意义的实验中，受试者会进入实验用的教室，教室的一张桌子上可以看到美国运通公司的商标。实验者会假装它与实验无关，并且拿走带有美国运通公司商标的纸，然后问受试者愿意支付多少钱来购买目录中列出的一系列商品。

受试者已经被"提示过"，在没有直接思考的情况下接触了某个东西。仅仅通过在无意识的情况下看到信用卡的标志，与对照群组相比，这组受试者的支付意愿就提高了 50% 到 200%。信用卡效应已经一次又一次得到证明，在标题为《千万别带信用卡出门》（Always Leave Home Without It）的研究论文中，信用卡效应得到了最好的诠释。

科学家们还发现，在使用信用卡支付时，人们并不像使用现金那样清楚地记得自己的开支。如果支出或付款的经历没有在你脑子中留下深刻印象，按照预算来控制支出就会更加困难。所有的货币都是虚拟的，但是显然这种形式的货币更为缥渺。直到收到银行账单那一刻，你才会在心里惊呼："天哪！这些都是我花的吗？"现金和电子货币可能都是流动的，但是它们的流动速度不同。而且，我们在使用信用卡时更加挥霍无度，这增强了人们认为现金更简单、更安全同时更正派的想法。

关于现金的各种实验

现金也可能会让我们更诚实。丹·艾瑞里（Dan Ariely）是杜克大学的心理学和行为经济学教授，也是畅销书《怪诞行为学》（Predictably Irrational）的作者。他进行了一系列实验，展示了一个结果：在对待同等价值的物品和现金时，人们显然对现金更有道德感。在一个实验中，他在大学宿舍公共区域的冰箱里悄悄放了 6 瓶可口可乐。他想看看它们过多长时间会消失，也就是说，看看学生们过多长时间会把它们偷走。在另一个冰箱里，他放了 6 张 1 美元的纸币。在 72 小时后，所有的可乐都不见了，但是美元却一张都没有少。

艾瑞里谨慎地指出，这些实验的目的并不是要证明某所大学的学生有道德问题，或者进一步来说，证明自己同胞有道德问题。相反，它们揭示了我们所有人或多或少都具有隐藏的偏见。比如说，很多人都会心安理得地把办公室的笔或本子带回家，或者使用办公室的复印机来复印私人文件，然而他们却从来不会拿走备用金抽屉里的钱。在另一项研究中，艾瑞里的研究团队发现，来自纽约的商务旅客更有可能向公司报销在旧金山机场为自己的孩子买的礼物，而不是在纽约买的礼物。我们甚至都不能连续欺骗。

在另一项研究中，艾瑞里和同事们发现，在参加有奖问答时，人们常常为了金钱奖励而撒谎。这并不是什么新鲜事。不过他们还发现，如果金钱奖励的形式不是现金，人们作弊的可能性会提高一倍。即使研究人员明确告知受试者，他们赢取的纪念品可以直接在房间对面的人那里兑换成现金，作弊现象依然更加普遍。现金可能是充满罪恶的货币，但是不知为什么，纸币和硬币却会阻止我们做一些不正当的事。

艾瑞里说，原因就在于：当偷盗与现金无关时，我们更容易将我们的不正当行为合理化。比起直接出示的现金，含蓄的金钱价值让本应受到道德谴责的行为变得"模糊"，这让我们可以发挥自己强大的辩护力量。在办公室，我们可能会告诉自己，拿走订书机这种小事与公司运营相比不值一提，哪家公司的员工不从公司拿点东西带回家呢？而且，毕竟你在这家公司忠心耿耿地工作了这么多年，难道还不能额外拿一些微不足道的办公用品吗？你又不是开走了公司的车。至于被偷走的可乐，理由就更简单了：如果说地球上还存在什么"你的就是我的"这样的社区，那就是大学宿舍了。

这些研究结果有助于我们理解伯尼·麦道夫（Bernie Madoff）、安然骗局的构建者，甚至是出售合法不良资产的银行家等坏蛋们的想法。艾瑞里认为这些人，以及数百万个像他们一样的人，并不会在大街上抢劫老太太，他可能是对的。不过，他们却会扰乱交易，并且带来最糟糕的后果。艾瑞里写道："我们应该意识到，一旦现金近在咫尺，我们就会因为某种超乎我们想象的因素而去犯规。"

不过，如果仅仅这样就得出结论，认为这几项行为相关研究结果足以说服我们保留现金的话，就太过鲁莽了。虽然现金与林肯和上帝有关联，但是这并不能保证它会更加坦诚。一切都归结于金钱的形式，以及一个事实：我们已经被同化了，因此在这种特定的金钱形式面前我们会表现得更诚实。我们都被教过，偷东西，不管是什么东西，都是不好的行为，而实体货币就是这样的一个东西。但是这并不代表着未来的技术不能让你重新找到对待现金时的诚实行为。比如说，想象一下，有一个手机应用程序会通过生动的图像和声音来展示钞票从你的账户转移到商家账户的行为。

此外，我跟艾瑞里的观点不同，我并不认为现金会让我们更加诚实。首先，冰箱里出现现金是一个很奇怪的事情，除非你是那个路易斯安那州的议员，把收到的现金贿赂藏在冰箱里。实验的环境也不够典型，因此得出的结果也不能视为典型行为的标准。更加重要是，他用的是 1 美元纸币。人们走在大街上看到 1 分钱都懒得捡起来，很多人也不会为了捡硬币而阻碍交通，而道德观念跟这些决定几乎没有什么关系。

作为全国最好的大学之一，这里的学生可能只是把冰箱里的钞票当作一个恶作剧或者某个实验的一部分，如果偷了 1 美元，或者最多 6 美元，他们能做什么呢？也许这个实验更能说明通货膨胀的影响，而不是人类行为。我想看看在这样的条件下，人们会有多诚实：研究人员用 50 美元来当诱饵，并且把它放在一个合适的地方，这样受试者不用怀疑这个钱是不是走廊对面某个朋友的。尽管如此，艾瑞里关于经济罪犯的观点还是正确的，这些人绝对不会偷别人的钱包，但是却可以毫无顾忌地从养老金中偷走几百万，换句话说，这些人真是混蛋。

在谈到货币的形式时，我们的认知缺陷并不仅限于信用卡与纸币之间的对比，或者偷窃汽水的道德问题。我们最基本的烦恼之一是将价签、菜单或钞票上面显示的面值跟一些东西的真正价值关联在一起，比如说我们能够得到的商品或服务。这种现象甚至还有一个专门的名词：货币幻觉，这个词因为一个名叫欧文·费雪（Irving Fisher）的经济学家而闻名。1928 年，在他的著作《货币幻觉》（*The Money Illusion*）中，费雪描述了货币的实体代表会如何迷惑甚至误导价值衡量。

我们被货币误导，以为钞票的价值就等于票面上标示的数字，而不是作为其他价值的衡量标准。过去使用金本位的时候，人们至少还能把货币想象成现实中一定数量的实物。而现在，一切都完全变成了相对的。对于最近刚刚经历过恶性通货膨胀或货币升值的人来说，这种相对性更容易理解。一周前一万比索还能付一个月的房租，一周后却连一罐煤气都买不到了。

在现代，货币幻觉会对我们的决策产生奇异的影响。由于我们对较大的数字有一种内在的偏见，我们会假定高价的红酒、汽车、餐厅、大学或酒店会提供更好的质量和更优的价值。经济学家甚至还证明，当标价更高时，非药物（比如维生素 C 片）的安慰剂效应也会更强烈。货币幻觉还可以帮助解释为什么我们会认为 100 美元的礼品卡或支票没有等值的现金价值高，也就是说，我们更容易把前者花掉。礼品卡的迷惑之处在于它们没有价值，因此我们就会把它们当作游戏币来对待。对经济学家来说，一张价值100美元的餐厅代金券就等同于100美元的现金，也等同于银行账户中的100美元。然而在使用人类行为准则作为衡量标准时，这些100美元的不同形式是完全不同的。

根据面值不同，我们对现金的态度也会有所不同。如果你曾经不愿意破开一张100美元的钞票，或者翻遍钱包找零钱，只为了感受因支付确切金额，而不需要找零的满足感，那么你就会承认这种本能的存在。20乘以5等于100，这对数学家来说永远都成立，但是在人的脑子里，5张20美元并不等于一张100美元的钞票。与之相反，如果是同等金额的硬币和纸币，我们更愿意花出硬币，而不是纸币，从美国中心地带的到中国东部的人们都证明了这种趋势。在2007年至2008年的金融危机之后，一位科学家开玩笑说，作为刺激经济政策的一部分，奥巴马政府应该发行更多1美元，甚至是2美元的硬币，因为人们愿意花掉硬币，这样就可以刺激消费。

阿根廷文学泰斗博尔赫斯（Jorge Luis Borges）曾写道："硬币就是人自由意志的象征。"不过我们的行为倾向和前后矛盾却暗示了相反的意思。如果你认为这些作用力没有影响到你花钱的方式，那只是因为你跟普利亚·拉古比尔（Priya Raghubir）之类的人在一起的时间不够长；拉古比尔是纽约大学斯特恩商学院的一位营销教授，她最近的一项研究考察了我们对待不同国家的货币的态度。大部分人都认为，到国外旅行的美国人会消费得更多，比如说去泰国和阿根廷，因为那里的物价相比美国更低。但是拉古比尔及其研究人员发现，价格的表现形式会对消费行为产生极为强大的影响，甚至能替代我们对真正价格，也就是真正价值的理性理解。他们将这种现象称为"面额效应"（denomination effect）。

在泰国，交易中通常使用的是面额为 500 泰铢和 1000 泰铢的纸币，关键在于这些纸币的面值是美元的很多倍。在 2012 年 10 月的时候，1000 泰铢能够兑换大约 32 美元。拉古比尔说："但是你会牢牢记住这可是 1000 的面额啊。"虽然在知识层面，你知道数字面额跟货币的购买力并不一样，但是钞票上面的大数字会让你误以为曼谷的商品价格要比实际价值高很多。因此，美国人在泰国非常节俭，消费能力远远低于理性经济学决策理论的预计水平[*]。

如果情况反过来，在那些货币面额较小的国家会怎么样呢？拉古比尔发现，在英国或巴林这样的国家，同等面额的美元价值低于当地货币，美国人的花费会更多。这并不是只出现在美国人身上的怪现象。在欧元发行的初期，新货币的价值被定为所取代的各国货币的一定比例（爱尔兰除外），比如说，2 德国马克相当于 1 欧元。拉古比尔再次发现，人们用这种新货币时花得更多，就像在花大富翁游戏里的钞票一样。这是货币幻觉与货币混乱共同造成的。"人们不会计算汇率，虽然这些计算过程非常简单！"曼谷餐厅的菜单和泰铢钞票上面的那些零让我们无法保持清晰的思维。

不过，最狂热的莫过于把现金当作幸福的灵丹妙药。在未来几年内，当实体货币奋力抵抗新支付技术和公众评论的猛烈攻击时，它最强大的防御力量可能是情感层面的，而不是经济层面的。首先，有人认为现金会激发人们变得更诚实的理念，或者至少跟罐装可乐相比，人们更不愿

---

[*] 也许泰国等国家的政策制定者应该改变他们的现金面额，利用我们的这种非理性意识来增强外来游客的消费欲望。

意偷走 1 美元纸币。

但是最近涉及疼痛体验的一系列研究结果表明，实物货币真的具有精神魅力。与空白的纸条相比，当人们接触现金时，他们对某种社交性疼痛的忍耐性更强。在其中一个实验中，受试者要玩一款电脑游戏，规则是一个人把球传给另外一个玩游戏的人。但是存在一个困难：受试者永远也接不到球，就像操场上被排斥的孩子一样。

过去的研究结果表明，即使是这样看起来很简单的练习也会在实际生活中造成强烈的被排斥感。不过，在这个场景下，在游戏开始前接触过钞票的受试者在游戏失败后的被排斥感较少。对接触过现金的受试者来说，社交性痛苦事件变得不那么痛苦，这是在委婉地说，接触现金会温暖人心，或者至少增强自我价值感。这些钱即使不是我们自己的，也会有同样的作用。

这些研究人员决定提高风险。在受试者数完现金或纸条后，科学家们让他们把手放进热水中停留 30 秒。结果表明，现金就像一层铠甲。摸过现金的受试者感受的水温比摸过白纸的受试者低，而且他们感受的疼痛也更少。就像跟现金的每一次接触都会在潜意识里让我们回忆起小时候的感受：把掉下来的牙放在枕头下面，第二天早上摸上去感觉就像一个 50 美分的硬币。现金给人的感觉真好。

发表在《科学》杂志上的一篇文章总结了这些调查的结果，并得出结论：实体货币似乎会让我们减少被他人接纳和喜欢的压力，减少我们的身心痛苦，减少被排斥的感觉，并增强独立感和自我满足感。另一方面，在研究中接触货币的那些人往往更疏远他人，不太乐于助人，而且不太喜欢团队协作。

如果现金是属于我们自己的，那么这些情感力量只会放大。当服务员或店员找给你 8.75 美元，你可能会留下 3.75 美元作为小费，把剩下的 5 美元放进钱包——那个做工精良的深红色新钱包是你在一个难忘的秋日跟你的姐姐一起逛街时买的。你按照自己喜欢的方式把钱放得整整齐齐，就挨着孩子的照片、定制信用卡、驾照和健身卡。或者你喜欢用爷爷在你小时候送给你的那个钱夹。用钱夹的时候，你绝不会想钞票有多么不卫生，更不要说想逃税或者抢劫的问题了。不，你只会想到你那温文尔雅的爷爷，这个钱夹让他看起来那么酷，简直是男人中的男人，就像 20 世纪的流行音乐大师辛纳屈（Sinatra）或者时尚界名人麦昆（McQueen）一样。《时尚先生》（Esquire）2009 年首期标题为《如何成为真正的男人》（How to Be a Man）的文章这样开篇："真男人会带现金。"

此外，我们已经把现金和文化结合在一起。纸币在日本错综复杂而又广泛的用途尤其有意思，因为它相悖于普遍的认知，那就是日本正在加速进入无现金社会。在东京的新宿和涩谷这样的热闹地区，我们很容易就能发现高科技的现金替代物，比如带有讨人喜爱名字的公交储值卡，比如西瓜卡（Suica）和帕斯莫（Pasmo），还有通过手机进行支付的工具和各种相当于现金的礼品卡。

然而在日本旅行期间，当我走进大型百货商场的地下，在售卖各种绿茶、甜豆饼干、脆米饼和方形西瓜的商贩中闲逛时，我看到顾客们大部分情况下还是用现金支付，偶尔会用信用卡或借记卡。就像世界各地的人一样，日本人也觉得如果身上不带点儿现金的话，就可能让一些棘手的情况变成紧急情况。而且，礼金几乎是整个国家都热衷的一件事。各种特殊场合，比如婚礼、毕业典礼、新年假期，都需要给现金红包。常规习俗是要给崭新的钞票，但是如果是别人家中有人去世，就不能给新钱。在那种情况下，你必须给旧钞票，从而向接受礼包的人表示，你知道这不是个令人高兴的日子。

这些对反现金运动来说都不是什么好的迹象。如果全世界的人们都喜欢这种货币形式，如果货币跟文化紧密相关，如果将二者分离会带来巨大伤害，如果只是接触它就能让我们兴奋，哪个正常人会想要抛弃它呢？也许那个想要把穷人排除在外的曼哈顿餐厅老板会这么想。

如果这真的是如此简单的非此即彼的选择，那么我可能会坚持保留现金，但是我们未来的支付方式是多种多样的。我们已经看到了一些更好的交易工具。贝宝公司（Paypal）的智能手机应用程序已经极大地解决了 AA 制吃饭时的付账问题。我们只需轻触手机，就可以轻松地完成彼此之间的转账，甚至在服务员拿回需要签字的信用卡收据之前就能完成结算。

刷卡需要我们签名的制度也不会存在太久了。很快，你甚至都不需要一张带有磁条或芯片的信用卡来储存数据。通过快速接触收银机的读卡器，带有微小天线的手机就可以通过无线传输来完成支付。到 2014 年，通过手机的无线网络完成的支付总额预计将达到 1.13 万亿美元。最初，大多数这样的新技术只是作为信用卡的备用选择，但是随着越来越多的用户转向个人之间省去中间人的转账，这种备用的状况也在发生变化。它的累积效应就是，在我们的经济生活中附加费用越来越少，摩擦也越来越少。

但是新的数字工具存在一个令人担心的问题，那就是它们会进一步将我们与支出行为分离，甚至有可能推动我们做出更不负责任的财务决策。我不认同这种宿命论的观点，因为我们可以利用行为经济学的研究成果来改进我们自身的行为。虽然，我们在了解到人类对待金钱的态度有多么不理性时会感到沮丧和心痛，但好在那些研究发现可以用来指导未来货币形式和金融工具的发展。我们可以设计出能够引导我们做出明智决策的系统。这并不是赫胥黎小说中那样的社会改革，它只是更智能的工具，就像能够应对冰雪天气路况的汽车，或者会定时自动关闭电源、避免厨房失火的咖啡壶。

类似用邮件提醒你按时付账单这样的简单服务，就是我们尝试弥补人类弱点的一种努力。将行为经济学的研究成果应用到日常生活中的重要实例还有：所有美国公民都默认要参与 401（k）养老保险计划。人们既对财务规划缺乏远见，又因为自己的惰性而苦恼，虽然他们想加入养老保险计划，却不断推迟加入任何计划的时间。因此，最近政策制定者将退休储蓄变成了选择性退出项目，而不是选择性加入项目。这样的结果是，越来越多的美国人现在开始为退休进行储蓄。

在有关欺骗行为和我们怎么会"在认为自己诚实的时候不诚实"的讨论中，艾瑞里教授提出了一些可以解决这些问题的办法，比如说给办公用品贴上价格标签。这样也许能减少人们把办公用品带回家的概率（不过它也可能会带来负面效果，因为这种做法会显得很不信任员工）。但是，如果在谈论股票期权和抵押贷款债券的时候，我们运用更有针对性的语言来消除涉及的价值模糊性，以及由此可能带来的有违道德的决定，会怎么样？如果我们开始使用"用信用卡购买"（curchase）这样的词，会怎么样？在了解自己的基础上，我们可以控制自己对货币的偏见，从而获得更好的结果。我们现在使用或者至少见到过的个人理财工具能够提供这方面的线索。就像完全中规中矩的用于财务分配的电脑软件 Quicken 一样，它可以极大地帮助人们制定预算，跟踪开支记录，不需要把现金存放在分出类别的信封里。

最近出现了类似 Mint.com 这样的服务，它们将你的不同账户、信用卡、投资、住房贷款等信息集中到一起，在易于操作的网页或手机应用程序中显示。Mint 会将你的资产净值显示在屏幕右上角。如果你是美国数百万房奴中的一员，那就意味着资产负数现在将会成为你日常生活中最突出的一部分。那些金色或银色的信用卡会迷惑我们增加消费支出，这些新的理财工具会影响我们的消费行为，减少消费意愿吗？我们还不能回答这个问题，因为这些应用程序——以及应用程序的日常使用——还很新，并且处在不断变化中，但是我敢打赌，在不远的将来，它们可以做到这一点。

我希望能看到这样的一款应用程序：它会重现废除纸币的重要性，或者巧妙地让你想起有关现金支出的痛苦回忆。也许你会看到屏幕上显示出钞票的图像，还能听到模仿富兰克林声音的语音信息，告诫你不要随意冲动消费。如果你觉得还是没办法控制自己的消费，你可以给你的手机钱包设定一个程序，在支出达到一定金额后中止交易，或者要求你唱一首尴尬的歌，才能继续交易。这有点儿像谷歌几年前提供的 Gmail 邮箱功能。如果想避免发出一些自己会后悔的邮件，用户可以打开邮箱的一个过滤功能，这样邮箱就会要求他们先做出一道数学题，然后才能发出编辑好的信息。如果用户用时过长或者没有给出正确答案，Gmail 就不会把这封可能会让人后悔的邮件发出去。

因为我们可以修正和改善自己的行为，所以我们不应该低估自己破除偏见并借此取得成果的能力。如果仅仅因为现在已经陈旧的信用卡会增加我们的支付意愿，或者某所大学的学生不会盗取公用冰箱里的 1 美元纸币，就拒绝未来的支付工具或者新的货币形式的话，真是大错特错。

当前，尽管新兴技术进入交易领域，我们依然认为现金是有用的。

另外，货币本身的不断变化则给现金带来了另外一种完全不同的压力。如果说纸币和硬币代表国家货币的话，那么在越来越多的国家开始废弃货币的时代，现金又会发生什么样的变化呢？

第五章

爱国者

该死的钱，它总是会让你难过得像入了地狱。

——J.D. 塞林格，《麦田里的守望者》

金融危机中的冰岛

"Helvitis Fökking Fökk！"这句冰岛语翻译过来大概是："真是该死的地狱。"我在冰岛首都雷克雅未克一家嬉皮服装店的 T 恤上见过这句话，当地的经济学家和学者告诉过我这句话的意思，甚至连一个在冰岛国立医院工作的朋友都和我提过这句话。我后来又见到了这句话，这次是在一家咖啡厅的墙上，当时我正在吃着一份放了很久的炸薯条。

这句话最初出现在一个留着络腮胡子的男人举着的标语牌上。在2008 年一个寒冷的秋日里，在这个人口仅有 30 万的国家，包括这个男人在内的几百号人连着几天在该国的中央银行外面抗议。冰岛刚刚经历了世界上有史以来最大规模的银行业崩盘。这个男人标语牌上的咒骂似乎在告诉人们，冰岛的一切都有问题。

从这家名叫"巴黎咖啡馆"的店里往外看去，我能看到议会大厦和冰岛独立之父西古尔德逊（Jón Sigurdsson）的雕像。西古尔德逊的头像还出现在面值为 500 冰岛克朗的钞票上面。咖啡馆的墙上还装饰着 14幅大型版画，它们是由一位当地艺术家和他的儿子创作的，描绘了冰岛的简要历史以及最近的经济危机。每一幅画都色彩鲜艳，带有《至尊神探》（*Dick Tracy*）与日本漫画相结合的风格，并且旁边还有简短的英文注释。

前面几幅画是维京人一路从欧洲向外作战的场景。第四幅图中展示了一个穿着 V 领毛衣的男人，他面带微笑，举着一杯红酒，身后是一个大城市的天际线。画上的说明文字写着："一千多年过去了，我们冰岛人终于重返欧洲。这一次，我们没有带宝剑，也没有带盾牌。我们的军火库里装满了钱，但是那不是我们自己的钱，因为那是我们从国际大银行借来的。"

旁边的一幅画描绘了金融危机的场景。一个男人坐在一幢摩天大楼的边缘抽着烟，而且从他的表情来看，即使不是在考虑自杀，也肯定是束手无措、走投无路了。这一点可以理解。几乎在一夜之间，冰岛的股市价值缩水 90%，整个国家承担的债务几乎相当于国内生产总值的 10 倍或者整个国家的所有货币。这到了什么程度呢？冰岛一年的国内生产总值为 120 亿美元，比耐克公司一年的销售收入还少 40 亿美元。后面几幅画描绘了抗议场面，包括那个看起来很绝望的男人，他穿着一件连帽衫，举着那块现在已经很有名的标语牌子。

因为那场经济危机而饱受诟病的投资银行家被当地人称为"维京掠夺者"。他们用借来的资金在全球大肆并购，收购的资产包括一家印度的发电厂、一家欧洲航空公司的部分股权，还有英格兰的一支职业足球队。他们是怎么并购的？用借来的大笔外汇。那些资产对他们产生了催眠效果，让他们以为自己真的在赚钱。货币升值的话，他们或许真的算得上在赚钱——前提是你不介意混淆资产和金钱的定义。一位冰岛经济学家作了这样的总结："这些银行试图抓着自己头发往上拉，好让自己能往上升。这样做没有效果。"不过，这在头几年还是起了作用的，至少在书面报告中如此。冰岛的银行抓着自己的头发往上提，这非常像传销组织创造的可行性幻觉。

在经济崩溃后的日子里，冰岛人发现所有东西的价格都上涨了三四倍，包括煤气、药物、衣服和杂货，同时他们的房贷和汽车贷款也忽然涨到了原来的两三倍。在不良资产严重膨胀后，该国的三家主要银行破产了。但是，它们的破产留下的不只是四处分散的混乱状态。这些银行累积的债务远远超过冰岛的国内生产总值，拖垮了整个经济，导致冰岛克朗与外国货币的兑换值减少了一半以上，并且使整个国家陷入破产的边缘。有些挪威评论员甚至提出这样的看法：挪威政府应该承担邻国冰岛的债务，以便把这个曾经的殖民地廉价买回来。

冰岛人现在正在考虑加入欧元区，这将意味着放弃冰岛克朗，转而使用欧元。很多经济学家和金融记者都说这是不可避免的结果，或者说在希腊、冰岛、西班牙和葡萄牙爆发主权债务危机，动摇全世界对欧元区的信心之前，他们持有这样的观点。关于冰岛是否应该加入欧元区的辩论还会继续，不过，冰岛早晚有一天会告别冰岛克朗，跟那些已经抛弃或者正在考虑抛弃本国货币的国家和地区一样，加入欧元区。

关于世界货币未来的一个观点是：消灭所有其他的货币，只保留最有影响力的几种。这种想法并不像听起来那样激进。巴拿马、萨尔瓦多、厄瓜多尔和东帝汶都已经正式将美元作为官方货币，而且，从乌拉圭到柬埔寨，从加勒比海到高加索地区，也都在日常生活中接受美元，而且使用美元的频率跟当地货币一样。欧元的使用情况与之相似。爱沙尼亚是第十七个加入欧元区的国家。拉脱维亚也已经加入，还有几个欧洲周边的国家虽然没有加入欧元区，但是也使用欧元。在其他情况下，令人吃惊的是，一些很小的国家或次国家（subnation）依然拥有自己的货币。2010 年 10 月 10 日，位于加勒比海的荷属安地列斯群岛（Dutch Antilles）终于告别了荷兰盾，虽然荷兰本土很久之前就已经用欧元取代了荷兰盾，这里却一直在使用这种货币。迪士尼乐园发行的钞票的使用人数比世界上一些流通规模最小的货币的使用人数都多。圣多美和普林西比（São Tomé and Príncipe）这个小岛国发行的货币多步拉（dobra）就是流通量最小的国家货币。

随着货币融合的进程缓慢推进，可以非常肯定的一点是，马拉维的克瓦查（kwacha）、阿塞拜疆的马纳特（manat）和冰岛的克朗都会重蹈贝壳串珠的覆辙。通往无现金世界的道路将会由消亡的各国货币铺成。对于经济学家和政策制定者而言，终止使用国家货币的话题，与放弃货币主权这个尽管不痛苦但也很艰难的问题交织在一起。我想了解的问题没有那么复杂，但是更难解释：对一个国家及其人民来说，告别本国货币意味着什么？

那家"巴黎咖啡馆"墙上挂的最后一幅画展现出希望。它模仿美国士兵在硫磺岛上高举美国国旗的那幅名画，画了穿着迷彩服的士兵在雷克雅未克港口高举冰岛国旗。冰岛国旗底色是蓝色的，配以红色和白色的十字，很漂亮。硬币和钞票也是国家的象征，它们会让我们意识到自身与国家之间的联系，以及彼此之间的联系。

国家货币是国家文化的体现

第二天上午，在雷克雅未克南部郊区，我从一辆黄色的城市公交车上下来，从一个小购物商场向下走去。这是一个出奇暖和的冬日，下着毛毛雨，太阳又不时冒出头来。公路蜿蜒向左，通往一个安静的街区，那里的房子都像乐高积木一样，屋顶是蓝色和红色的，还带着圣诞节的装饰。往东，人工修建的环境戛然而止，除了几条蜿蜒的小路，通向一个黑乎乎的火山景点，周围还点缀着一些火山渣形成的小圆锥体。它看起来就像电影《疯狂的麦克斯》（*Mad Max*）续集里寒冷冬日的背景。

几分钟后，克里斯汀·索克斯多迪尔（Kristin Thorkelsdottir）的房子映入我的眼帘。这所房子是倒梯形的，看起来很像一个地堡，不过带有令人愉快的氛围。临街的一面墙上覆盖着淡蓝色的波纹马口铁（我猜测下面应该是一层更隔热的材料），旁边的墙都是亮紫色的。我走过几棵矮小的冬青树和长满苔藓的石块，顺着木质台阶走到门口。

在她那光线充足的工作室里，我们喝着咖啡，吃着巧克力饼干。索克斯多迪尔回忆起她以前接到的一项任务，她将其描述为"在纸中注入最常见的一种价值"。她说："当中央银行的人联系我，要我重新设计钞票时，我感到了莫大的荣幸。"那是1977年，在遭受了严重的通货膨胀之后，冰岛政府秘密决定发行新版钞票和硬币，并在此过程中使货币升值。

国家政府，尤其是那些试图维护自己的文明和稳定程度的富裕国家政府，以它们实体货币的状态为傲。而且为了构建国家富裕文明、经济健康稳定的神话，政府能做的就是发行崭新的货币，当然还要采用一流的防伪特征。以瑞士为例，作为银行业务和逃税交易的壁垒，这个国家的纸币在市场上流通几次之后，就会被回收打碎，然后政府会印制新的纸币。

索克斯多迪尔留着花白的短发，戴着长长的银质耳环和红色的方框眼镜。她看起来就像温柔版的英国女演员朱迪·丹奇（Judi Dench）。要想引领冰岛纸币改版，她是最佳人选，因为她是当时冰岛最有名的艺术家，她在 1974 年为冰岛定居 1100 周年设计的纪念币给央行行长留下了深刻的印象。

她开始从宏观角度思考这一任务。"我为央行准备了两套备选主题。第一套是冰岛的科学家和户外风光，第二套是人物肖像。"更准确一点来说，后者指的是那些能够体现国家"文化和学术传统"的冰岛已故人物的肖像。因为旧版纸币大多表现的是冰岛的传统行业，即鳕鱼捕捞业和养羊业，或许也因为冰岛人已经有些厌倦以鳕鱼捕捞业和养羊业这种形象为世人所知，所以央行领导选择了文化主题。

不过索克斯多迪尔面临着一个小问题，那就是她并不真正了解这种文化的含义，或者说谁是这种文化的最佳代表。她花了一周时间，在小小的国家博物馆仔细查看肖像馆收集的作品，并与历史学家交谈，以了解那些最能代表冰岛的人物。最终现代冰岛钞票才得以包含以下人物的精细肖像：冰岛独立运动之父西古尔德逊；一位知名的手稿收藏家，他走遍全国的乡间，收集写在牛皮上的文字——如果不是他的话，那些牛皮可能早就被老鼠吃掉，或者制成皮鞋了；一位著名的主教兼建筑师；一位 17 世纪的女性，她是一位富有开拓精神的艺术家和教师。索克斯多迪尔解释说："我想展示我们国家的这些英雄和悠久历史。"

她说，这个项目的乐趣在于其精确性——找到与不同人物相关的手工艺品，并利用它们来创造一种能够表现出她祖国特色的二维物品。她获得了银行领导的默许，可以不计成本地做出完美设计。毕竟他们要负责把这些货币制造出来。她花时间找到最合适的古董桌子作为模型，并研究了特定时期的面料图案和字体。她甚至还聘请了一个留着络腮胡子的男人做模特，为他定制了服装和假发，这样她就可以更好地绘制 1000 冰岛克朗纸币上那位圆胖主教的肖像。至于那位手稿收藏家的肖像，她希望背景有一个装满书的书架，因此她咨询了一位书籍装订专家，以了解在她设计的纸币上如何更好地体现书架上那些书的书脊。

她说："钞票就像是拿在手上的历史遗产，通过它你可以了解这个国家的文化。"几个世纪以来，实体货币一直都是如此。那些硬币和高科技纸币的纤维中都承载着故事，能让历史变得鲜活，并为手持钞票的人带来了对那片土地的认同感。一位字典编纂家告诉我，一个个词语就是一张张羊皮纸卷。这些词语的源头包含着多年以前的词语和人的影子。我想，钞票也是如此。

直到索克斯多迪尔说钞票是历史遗产时，我才突然想起来，这么多年来，在从没有刻意计划的情况下，我去国外旅行时经常会保留一两张当地的钞票，作为纪念品送给我的父亲。实体货币不仅仅是可触知的货币的代表，而且还是一个地方的代表，是当地生活的缩影，或者至少是当地设计品位的体现，夹杂着当地的文化亮点。回头看这些习惯，也许我把这些货币带回来给我父亲，是因为我想让他了解我去过的这些国家的日常生活，哪怕了解一点点也好。而且，没有什么东西比人们口袋里的纸币和硬币更日常。

毫无设计感的美元

不过，就艺术来说，不同的文化对纸币的重视程度不同。索克斯多迪尔说从设计师的角度来看："你会看到，有些文化并不关注优雅的设计。"她一边说，一边点点头，冲我挤眉弄眼——她指的是我们国家的美元。美元这种在世界上最吸引人的货币，设计得却平淡无奇，拥有这种想法的并非只有她一个人。在设计爱好者的眼中，因为好几项理由，美联储发行的纸币得分极低。其中一个理由是他们太忙，就像一位设计师说的那样："一块蛋糕只装饰了一点点。"曾经引领美国八卦新闻的网站高客网（Gawker）上的一位评论家说，新版 100 美元纸币"看起来就像是一张简单的儿童蜡笔画"。这么说的确没错，上面有很多字体、螺旋、微型图案、微型螺旋、图画、面部汗毛、边框、纹理、编码，以及现在加上的泼墨色彩，这些足以让人想要拥有一张简单的信用卡，或者在前臂植入一块芯片。

强调功能性设计的人喜欢指出这一点：美国所有面额的钞票都是一样大小，不像大多数国家那样，不同面值钞票的大小也不一样。这种相同的尺寸对美国近 450 万盲人或有视觉障碍的人来说极为不便。2002 年，美国盲人理事会（American Council of the Blind）提起诉讼，法庭命令美国财政部对这种情况做出补救。财政部律师竟然有胆对下级法院的裁决提出上诉，声称制作适应盲人需求的钞票成本不合理，现金的目的很显然是促进那些能够看到它的人之间的商务贸易。不过在 2008 年，美国哥伦比亚特区上诉法院驳回了这一申诉，指责财政部夸大了成本估计，并再次判决美国货币未能满足所有公民的需求。直到今天，政府依然还在评估如何来实施这个强制性的整改要求。

然而还有一种方法可以改善人们对美元尺寸和细节的不良印象。别忘了，钞票的目的是让人们知道这张毫无价值的纸片拥有了真正的价值，从而在交易中使用它们。美元一直延续 1928 年以来的外观，以及美国内战以来的基本配色。也许美元的外观和配色对那些注重优雅线条或视觉平衡的人来说没有吸引力。不过，它的确能吸引另外一些人，因为他们知道有多少信心建立在美元的基础之上，以及向美元注入这些信心有多么重要。

一切都跟感知到的稳定性有关，这就意味着，不仅要保护钞票的价值不受伪造者的贬值影响，而且还要广泛传播发行者长时间内保持稳定的信息。真正在钞票上施的魔法是民众对政府的信心。事实上，所有发行的美国货币都是被认可的法定货币，再加上一直以来美元纸币的外观的一致性，这对于树立货币形象非常重要。

不过，无论多么高尚的语言都无法弥补美元外观上的不足，最近的设计调整也无济于事。正如一位设计师说的那样，新增的紫色五元纸币"就像缎面礼服上的牛仔补丁一样，既不优雅，又不得体"。2009 年，一位名叫理查德·史密斯（Richard Smith）的纽约创意策划顾问举办了一场名为"美元新设计"的比赛。（是时候重塑美元的形象了！）这并非官方比赛，只不过是网上出现的一个好点子，像病毒一样到处传播。史密斯在网站上写道，快速的经济复苏要求"有一个彻底的、深度的重塑方案，从标志性的美元新设计开始"。

浏览参赛的各种美元新设计方案发人深省，它让我想到，要让我把美元当作某种独特的甚至是神圣的东西，需要多么全面的考虑。相反地，这些设计方案拥有多变的颜色和新的美国文化代表形象，从马丁·路德·金、美国大峡谷到美国女飞行员阿梅莉亚·艾尔哈特（Amelia Earhart）、登月活动，并且带有荒诞的意味。有些设计中还融合了熟悉的面孔和"传统特征"：必不可少的秃鹰、愉悦的罗斯福、金字塔、富兰克林用杯子制成的乐器，然而这些看起来都十分不着调。

美元是世界上最容易被辨识的形象之一。不过，难道是货币和纸币的策划对如今的美国人来说太过陌生，以至于我们无法构思出一套全新的设计吗？为什么瑞士人就可以做到，而美国人生活在一个因货币革命和自我重塑而诞生的国家，却顽固地抵抗这种变革呢？也许我们之所以反对实体货币的变革（或者说政府官员替我们拒绝这种变革），是因为这是另外一种思路，可能会带来一些不安分的想法，涉及的方面包括想象出来的价值，以及依赖于流通前提的全球性金融体系。

这有点儿像终止分币的流通不只跟分币有关一样，因为这会让人们想到通货膨胀，从而导致他们过分担心通货膨胀，最终会对经济造成损害。如果你的工作职责是保持经济稳定，你还会迫切地启动美元的重新设计吗？还记得可口可乐推出"新可乐"这个新品种的结果有多么糟糕吗？对于一个产品或公司来说，重塑形象可能会有风险。想象一下，重塑国际货币体系中的支柱货币将会带来什么样的后果。

索克斯多迪尔说，设计纸币完全不同于设计其他任何东西。纸币具有一种奇怪的功能，很少有东西能像它那样普遍，然而很多人都对实体货币具有强烈的情感联系。对于喜欢旅行的人，甚至是那些对其他国家不太好奇的人来说，异国钞票和货币具有一种神奇的吸引力。不然的话，还有什么能解释为什么那么多街角的商店、餐厅和酒吧要把不同国家的皱巴巴的纸币钉在墙上，就像展示明信片或护照上的章一样呢？就像索克斯多迪尔说的那样："钞票讲述历史故事，但是它们本身也是历史。"

谈话进行到这里的时候，我以为索克斯多迪尔会谈到冰岛克朗可能被废除的事情、国家灵魂以及她的一个收集钞票的叔叔的思考。与之相反，她是个讲究实际的人。她说："我希望金钱能代表其自身，代表其应体现的价值。如果因为当前的形势，我们不得不采用欧元，那么这可能是最好的选择。坚持使用冰岛克朗就像一次又一次地用自己的头去撞石头。"

她这种缺乏感伤的态度或许是由冰岛最近的经济噩梦造成的——全国都在对货币进行清算，还有一种新的实用主义观念盛行起来。也可能这种严肃的世界观是冰岛人向来都有的，是在这样恶劣的环境中生存下来的一个要求，只是有一小群投资银行家最近背弃了这种遗产和传统。不管原因是什么，如果我想在冰岛找到一个觉得废除国家货币就像烧毁国旗或者在世界杯上惨败一样的人，那我一定找不到。索克斯多迪尔补充说："我其实大部分时候都使用信用卡。货币只是一个工具，还是信用卡更方便一些。"

巧合的是，与世界上任何国家的人相比，冰岛人民更加沉迷于电子货币和电子支付方式，这让冰岛成了反现金专家们的冰冻天堂。在雷克雅未克工作的一位美国专家告诉我，他曾经在街上看到过几个当地的小孩在售卖自制的饼干，就像美国小孩设立的柠檬饮料摊点一样，不过这些冰岛孩子手里还拿着借记卡读卡器。这种广泛采用的以卡为基础的支付体系在经济层面更合理：分析人员发现，在冰岛，使用现金交易的成本是用卡交易的五倍。如果这听起来太抽象的话，可以这样想：为了确保现金的使用，企业和政府需要保证所有偏远渔村的自动取款机、现金收银机和银行都备有适当的零钱，而这些设备的维护费用十分昂贵，但进行电子支付时，只需要有电和电话联网就可以了。

当索克斯多迪尔向我展示她新设计冰岛钞票时的第一批铅笔素描稿时，我想起了前一天跟一位冰岛经济学家的谈话，他提醒我，乔治·华盛顿曾经说过："拿着钱欣赏并不是我的习惯。"不久之后的将来，索克斯多迪尔的创作将会从冰岛历史的永恒象征转变成历史文物的一小部分。

不过也许还不到时候。冰岛预计将会面临更严重的通货膨胀，而且估计该国加入欧元区至少还要再过几年。（也许需要更长的时间，因为欧元目前深陷困境，而瑞典等没有加入欧元区的国家明显因此而获得了经济上的收益。）也许新一轮的货币升值即将到来。于是我开玩笑问索克斯多迪尔，最近的经济崩溃是不是意味着冰岛央行会再次对她发出工作邀请，设计1万甚至是2万克朗面值的货币？

"这个问题我无法回答。"她说。

"但你还是会接受这个委托，是吧？"

"对。"

2008年10月，冰岛克朗遭遇了一场几乎致命的信任危机。由于三家私人银行的损失拖累了国家经济，央行无法作为最后债权人来施以援手。尽管制造货币具有神奇的力量，但央行并不能无限制地制造国家货币。试图增加克朗的发行量来承担这几家银行的庞大债务不可能奏效，因为克朗并没有什么购买力。冰岛被迫向国际货币基金组织乞求帮助，并在最后一刻接受了俄罗斯的借款，以避免破产。

在这场危机爆发之前，冰岛克朗是坚不可摧的，更是冰岛人国家自豪感的来源，而且它呈现出越发坚不可摧的态势，以至于冰岛人用其他货币来购买或贷款，通常是欧元、瑞士法郎或日元，因为这样利率更优惠。深谙交易之道的人还会通过一系列外汇兑换或外汇投资来赚取差价。

但是冰岛人并没有注意到，他们中间没有人投资冰岛的货币。直到我一年不使用现金之后，我才想清楚了这一点。我的钱包里依然放着大约价值20美元的冰岛克朗。我在伦敦街头或者远离冰岛机场的几个货币兑换处问过，看能否把这些冰岛克朗兑换成美元，收纳员看着我的眼神就像是我要把红色的羽毛兑换成美元一样。

当冰岛克朗的价值跌至谷底时，以外币计算的贷款增加了一倍以上，因为忽然之间需要两倍的国内货币才能偿还这些以欧元或日元计算的债务。银行不仅积存了一屋子的信用卡，还有一屋子的克朗。就像一位冰岛朋友说的那样："我们的货币就像一袋子烂土豆一样，没有人想要它，它一点儿价值也没有。"值得一提的是，后来克朗恢复了原先的大部分价值。但是，很多专家坚持认为，冰岛和其他类似的国家如果再遭遇2007年那样的货币危机，依然是不堪一击。

在雷克雅未克的那一周期间，我看到报纸上报道，愤怒的人们在那些还没来得及逃往英国或欧洲大陆的银行家的房子和车上泼红油漆。由于冰岛人的工资依然以克朗支付，他们无力支付日益激增的贷款，因此正在失去他们的房子、汽车和小公司。在国立医院，医务人员的工作时间和工资都被削减，为了节省开支，管理人员还放慢了挂号、血液检测、药品采购和诊断的节奏。不过话说回来，至少现在冰岛人的饮食更加健康。2009年，麦当劳决定关闭当时在冰岛开的三家分店，因为没有人会愿意花780克朗（相当于6美元多）来买一个巨无霸汉堡。

冰岛克朗的最终命运

2007年8月，在冰岛金融领域的那些明星人物风头正劲时，一个名叫本·斯泰尔（Benn Steil）的美国人从纽约飞到雷克雅未克，并建议对冰岛克朗实施安乐死。斯泰尔是美国外交关系委员会（Council on Foreign Relations）的一名经济学家。同年春天，他在美国知名杂志《外交事务》（Foreign Affairs）上发表了一篇富有争议的文章。他在文中称，现代经济学"未能对货币危机给出合乎逻辑、令人信服的回应"。他说，然而有一种可行的策略就在我们面前，并且自20世纪60年代被一位诺贝尔经济学奖得主提出后，这种解决方法一直都存在，那就是废除国家货币。他写道："政府必须摈弃这种致命的观念，即一个国家必须在本国领土内制造和控制自己的货币。"斯泰尔断言，冰岛克朗以及与之相似的几十种货币应该被废除，并代之以区域性货币。

2007 年，在雷克雅未克希尔顿诺帝卡酒店的一间灰紫色调的会议室内，斯泰尔向冰岛银行家、政府官员和学者发表了演讲。与他一同发表演讲的是萨尔瓦多前财政部长，他曾经引领自己的国家实现美元化。斯泰尔坚定地表示，废除克朗将有助于冰岛这个小国家避免将来的货币危机，因为这样货币价值就不会像暴风雨中的树叶一样摇摆不定，当地企业也不用再支付兑换费用。

这次演讲被认为是对冰岛气概的侮辱。冰岛央行领导说："这里并不是萨尔瓦多。"他说，冰岛不需要像拉丁美洲的国家依附美元那样搭乘欧元的列车。尽管氛围有些尴尬，但这次在希尔顿酒店的会面还是在友好热情的氛围中结束了。随后，斯泰尔夫妇与那位萨尔瓦多官员在冰岛乡间游玩了三天，参观了瀑布和冰川。斯泰尔承认："那几天过得很愉快！"13 个月后，冰岛银行相继倒闭，克朗的价格也随之暴跌。

在这个全球化的时代，国家身份到底意味着什么呢？我们可以列出一些简单的答案，包括语言、历史、文化背景及地理位置等。我在为波士顿红袜队而不是日本广岛鲤鱼队的喝彩声中长大，这一点让我更像个美国人。我在高中的时候必须学习《联邦党人文集》（*Federalist Paper*）。我在这里交税，参与投票。我吃过无数个本杰瑞（Ben & Jerry's）的冰淇淋，看过《欢乐时光》（*Happy Days*），听过涅槃乐队和海滩男孩的音乐。当我看到覆盖星条旗的灵柩时，我的心中会油然而生崇敬之情，这是其他灵柩场景无法激发的情感。所有这些东西，无论微小还是宏大，都让我觉得自己是这个国家的一分子。

不论我是否喜欢，美元也是如此。在这个越来越数字化的世界，一个地方的硬币和钞票是国家认同感仅剩的几个接触点之一。有关货币的历史遗迹、标志和名人能够帮助强化这种国家意识。但是作为货币的代表，它们并不仅仅具有这些作用，因为货币既是经济的布料，也是国家的针脚。就连马可·波罗在中国也看到了这一点：货币将一个庞大的王国聚集在经济组织的这把大伞之下。

不过，最近一段时间，拥有国家货币看起来越来越不合时宜，或者至少对小国家来说如此。不管怎么说，这个问题是有争议的。斯泰尔告诉我，20世纪90年代，当他在欧洲生活时，他听到过一句老话："要成为一个真正的国家，需要有一家航空公司、一家证券交易所和一种货币。"到了21世纪，这句话已经不太适用了：航空公司要么合并，要么破产；证券交易所也会合并；欧元已经成为欧洲大陆的主导货币。在接下来的数年内，越来越多的小国家可能会决定废除本国货币，转而采用更强大邻国的货币（比如说，大洋洲部分国家采用澳元），或者联合周围的国家组成货币联盟（比如说东非货币联盟），或者直接使用美元或欧元这种世界强国的货币。

很多不同的因素会影响这个决定：恶性通货膨胀、对货币危机的恐惧、管理现金供应的基础设施过于薄弱、突然爆发的货币造假、在国际交易中增强竞争力的期望、对下周或明年可能会出现的货币投机的预防。斯泰尔指出，经济发展势头相对强劲和稳定的国家，例如厄瓜多尔、萨尔瓦多和巴拿马等，全都正式采用了美元。即使在本地货币依然占统治地位的地方，"自发美元化"也极为普遍。在拉丁美洲的银行存款中，超过一半是以美元计算的。

对于生活在某种货币流通区域之外的人来说，世界上的大多数货币都没有什么吸引力，斯泰尔的论点正是基于这一事实。有钞票收藏癖的人也许会收藏一些冰岛克朗，我的父亲依然保留着我以前给他的萨摩亚、古巴和埃及纸币，但是投资者不会认为这些货币具有储藏价值，它们也不是斯泰尔所说的"在未来能够像过去一样具有购买力的东西"。阿根廷比索也是如此，那些动荡不安的国家的货币恐怕都是如此。你有朋友用索马里先令给孩子存大学学费吗？完全没有。与此同时，当所有国家为了促进本国经济增长而进行贸易时，小国家还要承担将本国货币兑换成外币的附加成本。还有一个事实，那就是各个国家一般需要用美元来偿还债务。

废除本国货币还能保护人民免受腐败或政府官员管理货币价值不称职带来的损害。就像诺贝尔经济学奖得主米尔顿·弗里德曼（Milton Friedman）曾经说过的："在为人们提供交易媒介的'社会化行业'中，政府效率低下，制造出质量低劣的产品，却收取高额租金。"最近，哈佛大学的金融历史学家尼尔·弗格森（Niall Ferguson）在文章中写道："从硬币诞生之日起，统治者就开始试图建立对货币的垄断，并利用它来为自己谋利。这比其他一切都更有助于解释历史上的多次通货膨胀以及其他货币混乱情况。"随之而来的一个问题是：一些区域性货币，或者单个全球性货币能够帮助避免这种混乱，并且由此促进经济繁荣吗？

对于美国和欧洲人民来说，当其他国家采用美元或欧元时，我们会从铸币税中获得收益，或者说我们的政府会受益。通过在流通领域中发行更多货币，无论是国内还是国外，美联储能够获得这个过程中产生的利息。美国绝不会因为其他刚好使用美元的国家的经济状况而制定货币或经济政策，因此美国人民完全不在乎其他国家是否采用美元。

我曾经一直认为终止小国家货币的想法非常合理，直到在我去冰岛之后没几个月希腊爆发了债务危机时，我才开始改变想法。希腊的沉重债务，部分是由于政府官员的错误造成的。10 年前，为了满足加入欧元区的经济稳定性要求，政府官员做了假账。作为全球信贷联盟之一，国际货币基金组织不得不像其他欧洲国家一样开始介入，它提供了高达1450 亿美元的借款，用以支持希腊经济，避免欧元出现混乱。接下来，爱尔兰经济崩溃，而且在本书成稿时，意大利经济看起来也极不稳定。在几个月的时间内，欧元就从国际合作与融合的耀眼典范变成了成员纷纷叛变、避之唯恐不及的货币。

金融媒体很快就报道了在雅典等地进行的关于退出欧洲货币联盟的高层讨论。四处蔓延的危机令人痛苦，但是这也验证了诺贝尔经济学奖得主保罗·克鲁格曼（Paul Krugman）等人的观点：欧元是一场不成熟的实验，出现了严重的错误。克鲁格曼和很多人都认为，没有果断的政府行动，陷入困境的经济是无法修复的。欧洲货币联盟中较富裕的国家不得不帮助出现问题的国家摆脱困境，而那些受到危机影响最严重的国家因为现在已经没有自己的中央银行，也就完全没有能力通过发行货币、调整利率、吸收不良资产、货币贬值等手段来调整他们的经济状况。对于冰岛来说，拥有自己的主权货币突然显现出了优势。这对那些以欧元计算住房贷款的人们并没有什么帮助，不过实力更弱的克朗意味着该国的出口产品更具有竞争力，因为它们的价格更便宜。

目前看来，欧元就像是一套不合身的西装，而斯泰尔在《外交事务》上发表文章呼吁废除各国货币、成立货币联盟似乎明显不合时宜。也许冰岛克朗和其他小国家的货币最终还是有未来的。不过其他主流货币专家认为，现在就放弃欧元是一种短视的观点，只要熬过这段动荡时期后，它就会反弹，变得比以往更强。

正如斯泰尔及其支持者看到的那样，拥有本国货币的国家总是在货币方面与他们的主要贸易伙伴国保持一致：墨西哥的货币一般紧跟美元，瑞典克朗紧跟欧元，等等。不论这些国家的央行认为自己多么自主，也不论他们的钞票上的插画装饰表现得多么爱国，情况都是如此。就像雷克雅未克大学的商业教授奥拉维尔·伊思雷夫松（Olafur Isleifsson）告诉我的那样："以前我们的货币并没有独立性。中央银行的所有举动都是被迫，就像下象棋一样。货币独立只是一种幻想。"每当我跟人谈到支持区域货币、废除小规模的主权货币时，我总会听到这样的观点，但是欧洲的债务惨败状况表明，未来的情况不可预测。

对于经济学家来说，这种争论触及到了最宏观的问题：什么样的货币体系能够为大多数人带来通往更繁荣未来的途径？学者对这个问题有着完全不同的回答，这揭示了在如何保持经济健康，甚至保持主权货币的实用性的问题上，他们也存在很大的分歧。这就好像整个局势还不够脆弱一样。

然而，事实依然是：越来越多的国家，尤其是像土耳其这样较大的国家，想要加入欧元区。（波兰和捷克也是如此，不过债务危机的爆发让他们放慢了步伐，但分析人员说，这些国家最终还是会加入欧元区。）这些国家和其他国家的领导人深信，联合起来要胜过单打独斗。冰岛人现在担心欧元这个避风港也许并不像他们曾经想象的那样安全，因此他们可能最终会支持与有偿债能力的一些北欧邻国结成货币联盟。

支持国家货币价值的第三种方式是将本国货币的价值与另外一个更稳定的国家货币挂钩。这种策略在一些国家已经奏效，而且有些专家认为，这种方法的适用性可能会让区域货币的想法变得富有争议。如果不是非做不可的话，为什么要终止央行在紧急情况下管理货币供应的能力呢？斯泰尔说这种方法依然存在危险，可能最终会掠夺民众的财富。他问："你会选择哪个？第一种是我给你 100 美元。第二种是我给你 100 比索，并且承诺在你提出要求的时候，兑换给你 100 美元。第二种选择是货币局制度或者说'硬挂钩'，就是阿根廷在 2002 年之前实行的体系。"当时阿根廷政府背弃了用比索兑换美元的承诺。你的 100 美元的美梦到此为止。

斯泰尔并不是第一个提出区域货币的想法，或者质疑政府发行货币必要性的人，不过他是最直言不讳的一个。20 世纪 60 年代，经济学家罗伯特·蒙代尔（Robert Mundell）提出了"最优货币区"理论，自此以后，为了将这个想法变成现实，人们进行了多次努力，其中几次取得了缓慢的推进成果，特别是在非洲和中东地区。

全世界只用一种货币？

一些梦想家依然幻想着单一货币世界，在单一货币世界里存在类似世界单一货币协会（Single Global Currency Association）这样的团队，以及被称为贸易参考货币（Trade Reference Currency）的支持者们。20 世纪 40 年代，传奇人物、英国经济学家约翰·梅纳德·凯恩斯（John Maynard Keynes）提出了一个超主权国家货币的概念，他将其称为"班柯"（Bancor）。这种想法类似于构建一种全世界所有人都会说的世界语。为什么全世界不用同一种货币呢？世界语的支持者相信，总有一天世界语可以减少误解，并进一步促进世界和平。单一货币的支持者预想这种货币会促使交易更加流畅，终结货币投机带来的破坏，减少经济动荡，这对所有人来说都意味着更高程度的繁荣。

当世界语在努力争取公信力时，一些经济学家在严肃地考虑单一世界货币如何出现，尽管他们只是在理论层面进行探讨。关于这种新货币的一种设想是扩展现存的事物——特别提款权。特别提款权实际上是由世界上最重要的四种货币混合形成的产物，被用于国际货币基金组织的特定类型的清算。也许特别提款权是一种全新的国际货币的雏形，但这在政治经济学上来说并不是一件轻易就能实现的事。加州大学伯克利分校的经济学家巴里·艾肯格林（Barry Eichengreen）说："没有全球性的政府，就意味着没有全球性的央行，因此就意味着没有全球性的货币。就是这样。"而全球性的政府，我们可别忘了，对很多人来说预示着世界末日的到来。

不过，与此同时，很多美国人对未来的想象都融合了这个全球性货币的想法——一种托尔金式的硬币统治全球。根据美国皮尤研究中心（Pew Research Center）的一项调查结果，31%的美国人认为2050年将有一颗小行星撞击地球，但是其中有41%的受访者都表示，他们希望看到向全球性货币的转变。即使我们目前交易和旅行时使用的各种各样的货币和五颜六色的现金看起来似乎是现代生活永恒的一部分，但我们也要铭记，剧烈的变化即将到来。

货币从来都只是工具

在雷克雅未克的最后一天，我来到海边一座20层高的崭新办公大楼。朋友们已经向我提起过：在冰岛经济危机中，它被视为一个超大的眼中钉。现在它几乎空无一人。我在穿过大厅朝着电梯走去的时候碰到了两个建筑工人，但是他们都没有注意到我。到了顶层后，我走出电梯，进入一个铺着灰色地毯的房间，透过这里的窗户可以俯瞰整个小小的城市，以及远处水边的峭壁。在一扇窗户前面，并排摆着四张金属椅子，面对着外面的雷克雅未克海港。

访问冰岛这样的地方，并思考关于金钱的问题，和在纽约或伦敦这样的大都市做同样的事情，其感受是完全不同的。在大都市里，一切都跟钱有关，不一定是"贪婪是好事"的那种意思，而是因为整座城市完全都是人工建造的。那里几乎每一寸地方都涉及经济活动，在每个办公室、公寓、餐厅、画廊、酒吧里，商业都是王道。然而，在雷克雅未克这样的地方，你可以穿过城市看到荒凉的旷野。注视着远处荒凉的火山景色，赋予货币价值的社会力量逐渐变得清晰。在原封未动的石头和皑皑白雪之间，用钞票什么都买不到。

离开那座可怕的办公大楼后，我在冰岛央行的大厅见到了硬币专家安东·霍尔特（Anton Holt）。他55岁，身材魁梧，留着大胡子，头发花白，我一见到他就想到了袋鼠船长（Captain Kangaroo）。霍尔顿是冰岛央行古钱币博物馆的馆长，也是冰岛货币收藏协会的会长，只要政府不为了筹集一点儿资金而变卖收藏的货币，他就会一直做下去。

我们是仅有的几个到现在依然对过去的货币形式感兴趣的人，在我们谈话时，一些神情严肃的穿西装的男人不断进出银行，一边走一边打电话。霍尔特说："国家货币基金组织的人，来开会帮助我们摆脱困境的。"

霍尔特带着我参观了博物馆里的各种货币，从最初被当作货币使用的鱼干和羊毛开始，了解冰岛的货币起源。冰岛最早出现的硬币是银币，是通过与欧洲其他国家进行贸易获得的。不过当时这些银币总是供不应求，而且不像母羊、羊毛和鱼等商品那么实用。直到1874年，丹麦国王才最终授予冰岛人开设银行，发行自己国家货币的权利。

我们很快就参观到了纸币，这些纸币最初由一家私人银行提供，并以黄金作为担保。然后，我们了解了纸币的每次印数、紧急发行的纸币，以及二战期间的通货膨胀，最后参观到索克斯多迪尔的设计。霍尔特说："所有这些都向你讲述了冰岛独立的故事。你只需要稍微研究一下，就会发现，在大多数国家，货币就是国家，国家就是货币。"他提醒我说，"克朗"这个词就来自丹麦语中"皇冠"这个词，也就是主权的意思。同样的，这个词在挪威、瑞典、丹麦和冰岛被使用了几个世纪。2000年，当丹麦政府就是否加入欧元区进行全民公投时，反对者们宣称，放弃克朗就是对丹麦女王的侮辱。这种保皇主义者给出的理由有多少说服力，谁也说不准，但是丹麦最终拒绝了欧元。

霍尔特说："大部分国家并没有深入思考过这个问题，但是这些纸币和硬币体现的是国家认同。"然而，当我问他加入欧元区之后不再拥有冰岛克朗是否打击了这种国家认同感时，他跟索克斯多迪尔一样，并没有表现出太多念旧的情绪。他说："当我听到有同事在谈论'冰岛克朗什么时候能反弹回去'的时候，我的反应是我同事疯了吗？它不会反弹回去了。"不过，作为一位硬币收藏家，对于失去冰岛的主权货币，他肯定也会有些感伤吧？但他的回答却是这样的："哦，别这么说！法国人会因为使用欧元就变得不像法国人了吗？货币从来都不是，也永远都不应该是一种关乎自我价值的东西，它只是一种工具。克朗会成为自豪感的一个来源——仅仅是因为可能将要失去它，人们现在才会这么说。"

那么，现金不也是如此吗？

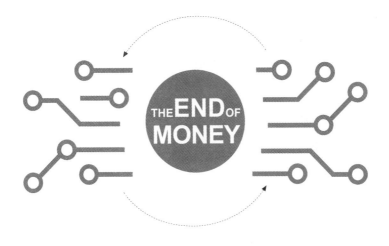

第六章

替代者

不，他们不能判我私造货币的罪名；我是国王哩。

——威廉·莎士比亚，《李尔王》

铸币的那些事

十月一个阳光明媚的早上，伯纳德·冯·诺特豪斯（Bernard von NotHaus）驾驶着一辆米色丰田凯美瑞飞速向西离开了檀香山。他习惯直视别人的眼睛，现在他的这种习惯就表现为一边漫无边际地独自说话，一边盯着我。每次要转弯时，他总是会非常快地回过头去，把注意力转移到高速公路上，以免把车开出道路。

冯·诺特豪斯也许不是个安全的驾驶员，不过他看上去一点儿也不像联邦检察官所说的国内恐怖分子。他穿着一件黑色、香草色相间的夏威夷衬衫，下摆扎进轻微起褶的裤子，束着黑色的皮带。精致的金边眼镜修饰着瘦削、近乎憔悴的面孔，银灰色的卷发像波浪一样，后面还绑了一个小马尾辫。除了患有轻微关节炎之外，这位自称为"金融建筑师"的 67 岁男人身体状况极佳。过去几十年里，他又是骑摩托车，又是骑自行车，尝试了很多浪漫的冒险活动，而且还吃了不少药，这些经历他都经常带着喜爱之情提起。他说："我从来没想过能活这么久。真的，我的意思是说，曾经有一次我们把一辆卡车开进了一家酒店的大堂！"

过了好一会儿，冯·诺特豪斯才终于相信我不是联邦情报局的卧底特工，他露出了笑脸，和我坦荡地交流起来。他的话语中虽然充满大喊大叫和不雅的词语，但是也包含了一些自我嘲讽和夏威夷人的独特风格：圆润、平静和热情，整体上给人一种不为压力所动的男子汉形象。这一点真是让人印象深刻，尤其是考虑到他面临着这些犯罪指控：串谋、伪造、邮件诈骗，以及"使用、传播以及试图使用、传播面值为 5 美元或更大面值的硬币伪造品"。因为这些指控，他损失或者说暂时损失了其他人价值几十万美元的财产，其中包括他母亲的积蓄，而且他的一个死党已经在监狱里服刑一年多了。在我见到冯·诺特豪斯两个月之前，他就因为违反让他待在夏威夷等待审讯的保释条例，被关押了 5 天。

经过了珍珠港，我们向北转，驶向瓦伊帕胡镇（Waipahu）。我们经过一家名叫"金币"的中式餐厅，然后进入一个小型工业园区。冯·诺特豪斯把车停在了一座褐色与蓝色相间的建筑物旁边。这座建筑物一部分是厂房，一部分是仓库。怒放的黄色木槿花与街边的链条栅栏融合在一起。在里面，我们见到了太平洋制造厂（Pacific Mills）的老板巴德·格力高里（Bud Gregory），他的工厂承接贵金属的拉丝及切片业务，用于制作珠宝。

加工车间里满是滚轧模具、冲压机，空气里弥漫着机油的味道。我们要来看的就是放在角落里的那台 1.8 米高的灰色机器，它看起来就像一个重达 3 吨的沙漏。这就是冯·诺特豪斯选中的交易工具，也是他的生活激情所在：铸币机。他说："看起来真是棒极了！哦，我真想亲亲这个宝贝。"他这么说，也这么做了，伸出双臂拥抱冲压机的一个粗圆柱。按照联邦情报局特工和联邦检察官的说法，这台硬币铸造机也是冯·诺特豪斯实施犯罪的帮凶。

这台机器最近翻修过，因此还不能马上投入铸造硬币。有几个零部件需要装回去，而且还要把机器从临时放置的木制底座上移开。不过，就算机器修好能用了，冯·诺特豪斯也不能接受订单，而是由租给他硬币铸造设备的格力高里来恢复订单生产。他解释说："政府不允许我再铸造任何东西。"他双手握在一起，就像戴着手铐一样。这个禁令是他得以保释的另外一个条件，而且保释官员还会不定期过来见他。

硬币一直是冯·诺特豪斯生活的一部分。他在堪萨斯市长大，从祖父那里继承了一些硬币收藏品。他的母亲教导他要尊重银的价值，还给他银币作为礼物，并给他说这种金属容易增值。他说："我存下了所有的真正的 25 分银币。"他指的是 1965 年以前美国铸币局制造的纯银含量为 90% 的 25 分银币。（本书成稿之时，银的价格是每盎司 39 美元，当时的一枚 25 美分银币的金属价值超过 7 美元。）

在 35 年的时间里，冯·诺特豪斯和他的女朋友泰丽·普雷斯利（Telle Presley）一直经营着一家名为夏威夷皇家铸币公司（Royal Hawaiian Mint）的企业，利用刚才提到的那台机器为各种各样的客户制造硬币。在 20 世纪 70 年代中期，冯·诺特豪斯订购了这台铸币机，还把它称为"锤子"，并把它从加利福尼亚州运到了这里。他和普雷斯利尝试在夏威夷大岛上经营铸币业务，据他所说，当时他们住的地方离迷幻蘑菇的发现地非常近。不过，实际运营非常困难，单是寻找能够支持这台强大的铸币机的稳定电源就是个大难题。因此在 1983 年，刚好赶在夏威夷 25 周年州庆之前，他们把公司和家都搬到了檀香山，包括他们的两个儿子兰德姆（Random）和埃斯特拉（Xtra）。自此之后，夏威夷皇家铸币公司就一直在这里运营。

冯·诺特豪斯和普雷斯利加入了一个由世界各地定制铸币者组成的

小型俱乐部。这个俱乐部为退伍老兵、乡村俱乐部、历史协会、学术机构和其他愿意付钱的人制造特殊的硬币或纪念章。所有这些业务都是合法的。这些年间，冯·诺特豪斯的公司制造的硬币曾被用于纪念夏威夷的建州日，纪念夏威夷的历史人物，例如英国航海家詹姆斯·库克船长（Captain James Cook）、夏威夷王朝的开创者卡美哈梅哈国王（King Kamehameha），还被用于颁发给夏威夷州钱币协会（Hawaii State Numismatic Association）的获胜者。而且，他的公司还受珍珠港幸存者协会（Pearl Harbor Survivors Association）委托，制作了珍珠港事件 50 周年和 70 周年的纪念币。该协会还想委托他的公司制作 75 周年的纪念硬币，如果他没有被捕入狱的话，他肯定会完成这项委托的。

铸币业务将他对夏威夷这个地方的热爱与他对贵金属的迷恋完美融合在一起。在一定意义上，硬币本身就很有销路，不过冯·诺特豪斯拥有一个诀窍，能够将金属价值和艺术性的效益进行组合营销。当他没有发表关于主权货币和通货膨胀的长篇大论，只是在对铸币流程和硬币设计工艺大发议论时，他会表现出无拘无束的欢乐。在他商店中铺着蓝色地毯的展厅里，冯·诺特豪斯向我展示了一个白色石膏模具，直径大约 30 厘米，上面有夏威夷群岛最后一位君主莉莉乌库拉妮女王（Queen Liliuokalani）的头像，这是他的一个纪念币上的图像。他说："快看这飘逸的长发。我的意思是说，头发是通常容易出问题的一个地方。但是这个真是精致！"几十年来，冯·诺特豪斯都与一位隐居在纽约的雕塑家合作，在他反复多次提出修改要求后，那位雕塑家最终制作出了这个雕像，并成为他铸造系列硬币的主要模具。"来看这儿，莉莉乌库拉妮女王的项链。看出我们对吊坠做了什么处理吗？看那里。真是太美了。"

之前在太平洋铸造厂的时候，我问他是否能看一些硬币作品，尤其是夏威夷达拉（Hawaii Dala）。达拉是给他惹了麻烦的硬币之一，不过我建议在他面前不要提"硬币"这两个字。他说："不要叫它们硬币！硬币是由政府制造和发行的。你看我长得像政府吗？这种私人的、自愿的、以物易物的、有真正价值的货币，其重要之处就在于它不是由政府发行的！永远也不要叫它们硬币！"不过，我被允许称它们为碎片、样品、银币或者自由美元（Liberty Dollar）。这种措辞上的转换有些愚蠢，因为它们明明就是硬币。然而冯·诺特豪斯的那些非同一般的法律官司，在一定程度上就是基于对这些词汇的分析，更不要说在硬币上使用美元符号"$"和印制极小的数字了。对于发行禁止发行的硬币这种指控来说，没有什么太过神秘难懂的细节。

过了一会儿，冯·诺特豪斯从他的办公室拿来一个小箱子，里面装了十几个塑料小盒子，每个盒子里都放着一枚硬币。他递给我一个。这个硬币上面的图案是受到夏威夷人尊敬的卡美哈梅哈国王，他戴着武士头饰，骄傲地站着，左臂举起，似乎正要对他忠诚的子民讲话。在硬币的另一面，我看到上面印有"HAWAII DALA"这两个单词，中间是夏威夷州的徽章，左边印有"Liberty Dollar"（自由美元），右边则是数字"$20"。在徽章下面是一行字："20美元：1盎司0.999银，铸造于美国"，并且还有一个极小的"RHM"商标。

我问冯·诺特豪斯："这就是在那个机器，那台叫"锤子"的机器上造出来的，是吗？"他点点头。

因为格力高里才是经常在这里铸造硬币的那个人，我问他，为什么联邦调查局没有找他的麻烦。如果政府说这些所谓的硬币可能是伪造品，并且侵犯了美国财政部独家铸造硬币的权利，那么格力高里不就是冯·诺特豪斯的共犯吗？

"看背面。"他们两个异口同声地说，指的是硬币的另外一面。格力高里递给我另外一枚硬币。正面还是卡美哈梅哈国王的头像，跟刚才看到的那枚硬币的大小、重量和成分都一模一样。但是翻到背面来看，是一艘传统的波利尼西亚船和用大写字母标出来的该州的一句箴言："UA MAU KE EA O KA AINA I KA PONO"（该岛的命运永远存在正义）。这枚硬币上也写了"1 盎司 0.999 银，RMH"的字样，但是以下就是关键所在：没有面值，没有"$"的标记，也没有硬币价值的声明。格力高里从来没有铸造过令人怀疑的"夏威夷达拉""自由美元"或者"茶党美元"。他只生产了他所说的收藏品，就像这种带有船只图案的硬币。

我两只手心各托着一枚硬币，感受着它们的重量，就像这样能够提供什么线索似的。然后我把它们紧挨着放在桌子上，所谓的伪造品放在左边，另一枚放在右边。

"这就是他们讨厌的地方！"冯·诺特豪斯大声喊道，"你看我像是造假的人吗？"

是什么让私人货币听起来既不符合道德准则又有些愚蠢呢？条件反射般的爱国之心吗？也许是，或者可能是对金钱、货币和国家货币之间区别的故意无视。你可能以前听说过"法定货币"这个词，不过很多人通常会将它的意思曲解，认为政府发行的货币在任何时候、任何地方都是不可辩驳的法定货币。但是你并没有受到法律的约束，必须使用国家的硬币，那些航空公司的无现金客舱已经证明了这一点。只有在别人支付已经用美元计算的债务时，你才会被要求接受它。然而，当我向人们展示自由美元时，他们把它放在手里反反复复看了好几遍，然后才说出了这样的话："嗯，这是真的吗？"难道是因为我们把央行发行的电子或实体货币控制得太过严格，所以我们现在才会将它视为唯一一种合法的货币？

我们能合法使用美国货币做什么，或者说对它做什么，是个非常令人困惑的问题。一般来说，公开的讽刺并无大碍。在华盛顿的大街上，你可以买到恶搞的美元钞票——带有比尔·克林顿的头像的"性感美元"（面值为 6 美元），或者带有微笑的里根总统头像的 1000 万美元。这些纸片通常只有一面印有低劣的艺术图像，而且它们显然不是为了伪造行骗。美国特勤局的人说："这样做还挺好的。"

不过，并非总是如此。20 世纪 70 年代初，马萨诸塞州的一个富有新意的制造商决定出售一种以 3 美元钞票图案装饰的咖啡杯，钞票图案上印的是尼克松总统的头像。特勤局的人在零售商那里截获了这种杯子，并且没收了在加利福尼亚州的一个仓库存放的 2000 个杯子。尽管这次镇压活动的法律依据令人质疑，但是这家公司并没有对此提出异议，理由是对手的经济实力可能太过强大，让它难以与之抗衡。

你可以焚烧法定货币吗？1994 年，两名英国艺术家在苏格兰北部一个偏僻的角落焚烧了 100 万英镑。此事引起了媒体的极大关注，但是政府当局显然不为所动，因为这件事并没有触犯任何法律。公众的反应褒贬不一，当地人更多地认为这种行为让人难以置信，并没有人为这两位艺术家的创意行为感到钦佩，或者赞扬他们为了激起热烈讨论而做出的宏伟壮举。

在大西洋的另一边，焚烧钞票违反了《美国法典》第 18 条的规定，即禁止"损害国家银行证券"。你也许能够收集一套捍卫自由言论的理由，但是说到冯·诺特豪斯违反硬币发行规定的案子，我就不敢这么肯定了。这种情况类似于焚烧旗帜的争论，虽然后者的经济影响可能没有违法发行硬币那么严重 *。

私人货币也是合法的，而且你一旦开始寻找它们的踪迹，就会发现它们特别常见。在大萧条之前，美国各地都发行本地货币，因为人们意识到没有足够的法定货币可用于交易。在那之前，在 19 世纪的自由银行时代，私人银行发行钞票，以存放在它们的保险室里的真正硬币或金属条作为支持（或者据说以此来支持）。然而，在美联储和美元一统天下后，大部分地方性货币就消亡，或者被联邦调查局扼杀了。

现在它们又反弹了。这些货币被称为替代货币或社区货币，其中几个著名的例子包括纽约州伊萨卡发行的伊萨卡小时券（Ithaca HOUR）、马萨诸塞州西部发行的伯克谢尔（BerkShare）、伦敦一个区流通的布里克斯顿英镑（Brixton Pound）。最佳本地货币的奖项属于日本的一种货币，被称为 Fureai Kippu，可以大概翻译为"关怀票"（caring relationship tickets）。替代货币是当地饮食的金融等价物。通过集中消费附近地区种植或培育的食物，你可以减少——或者至少可以口头上说减少——工厂化农业和温室气体排放等不好的东西，同时还能吃到更新鲜的食品，支持本地企业。

人们认为对待金钱的"土食主义"方法会对附近的经济产生类似的好处。与其在 CrateandBarrel.com 这样的网站上用信用卡支付，用你辛辛苦苦赚来的钱购买一张印度制造的桌子，还不如用你的社区货币在本地大街上的家具制造商那里购买。这个家具制造商可以再用他的伯克谢尔从隔壁的面包店，而不是从更远的沃尔玛或者好市多超市购买面包。

---

* 纽约的常住客可能还记得 1987 年的那个案例：一个无家可归的女人因为做了很多事，其中一件就是冲进车流，"把钱撕碎，并且在上面撒尿"，所以被送到了收容机构。

在沃尔玛或好市多购买商品时，消费者支付的一部分费用会付给遥远的企业库房。有些当地货币是纸质的，有些则是一个开放的中央数据库，该数据库可以记录交易，这样用户就可以跟踪买了什么、还欠多少钱，以及哪些地区的企业接受这种货币。

最后，大部分替代货币会因为易货交易而得到增强；在易货交易中心，A 用服务来交换 B 的一些代金券，然后这些代金券又被用来从 C 那里购买某些东西。对我们大部分人来说，这听起来很像过去使用的货币，而且在功能方面来看，的确是这样的。但是它显然跟主权货币不同，因为国家央行并不控制这种货币的供应，而且你不能用它来交税，尽管国税局说你必须把替代货币收入也算进需要纳税的总额。大部分替代货币都有与美元或其他国家货币的兑换比率，这样就可以计算出应缴的税务，至少在美国是如此。

替代货币的想法在很多方面都有所发展，而且不足为奇的是，大部分都是在网上繁荣发展。这些虚拟货币主要被用来购买网络游戏中的虚拟商品，无论是财产、武器、农场设备，还是特殊力量。2011 年，脸书推出了脸书信用币（Facebook Credits）。跟其他虚拟货币一样，这些信用币拥有美元价值，被用来在游戏和其他应用中进行买卖。你可以用美元来购买这些信用币，通常是在网上支付，不过脸书也提供礼品卡形式的信用币。这跟在查克芝士公司（Chuck E. Cheese）购买代金券，然后用它来玩滑雪球游戏、赢取彩票，再用彩票来购买玩具是一样的。只不过查克芝士公司并没有脸书那样拥有多达 8 亿用户。如果脸书供应的商品市场扩张，就像人们预测的那样，很难想象有什么东西是用脸书信用币买不到的。

越来越受欢迎的虚拟货币

跟任何电子支付服务一样，大部分虚拟货币都提供了一种交易方式，这种方式不涉及政府发行的代表一定数量货币的那种代金券。它并不是国家货币，但是它与法定货币之间具有兑换比率，这样就让它们变得非常相似。

虚拟货币的吸引力不仅仅在于商业的必要性和便利性。几年前的一个夏天，来自加州大学欧文分校（University of California at Irvine）的一位名叫王阳（音译）的计算机科学家走访了中国和日本，研究了人们与电子货币之间的关系。在北京的时候，他见到了一个人，这个人跟数百万其他人一样，沉迷于网络游戏《魔兽世界》。在这款游戏中，你可以用累积的金币购买一些东西，比如武器、魔力、盔甲等等。但是金币的赚取通常需要玩家耐心地完成游戏中的任务，有些人认为与其他需要更多金币的过关游戏相比，这些任务很单调或者很无聊。那么，为什么不花钱让其他人来替自己做这些不需要技巧的任务呢？

这个行业被称为"打金"（gold farming）。通常出现在亚洲国家，二十几岁的青年，甚至很多未成年的孩子，经常连续十几个小时坐在电脑前，只为客户赚取虚拟金币，而这些客户可能远在40公里或4000公里以外。他们当然会以一些主权货币为单位计算，并通过网络完成支付，而且通常是用信用卡或贝宝进行支付。

这位计算机科学家对这种现象背后的经济学原理很感兴趣，不过更有意思的是一些交易的细节。比如说，一位北京的中年男子曾经打算从一位网友那里购买一些游戏金币。但是他不知道的是，卖家是中国中部地区的一个 12 岁男孩。这个卖家说他不能接受邮政汇款，因为这样会引起他父母的怀疑。那么，问题就出现了：这位北京的买家想要得到魔兽世界的金币，该怎么才能支付呢？

在几年前的一个除夕夜，这个北京男人驱车数百公里来到一家网吧赴约。在那里，他见到了这个男孩，他们坐在两台相邻的电脑前，登录各自的游戏账号。他得到了金币，并付给那个孩子大约相当于 150 美元的人民币。然后这个男人又开车返回北京。这是一出代价不低、游走在边缘地带的闹剧和复杂的过程，不是吗？但是，这个来自北京的男人告诉王阳，整件事的过程就像一次冒险。后来王阳对我说："这完全不是你期望听到的那种不方便的感受。虚拟货币并不仅仅是结算和面值的问题。它将游戏体验延伸到了现实生活中，将个人娱乐和授权等元素混合到了一起。"

与社交网络联系在一起的货币将重新定义交易的理念提升到了一个新的高度。类似中心文化（Hub Culture）、比特币和超流体（Superfluid）这样的项目正在试图将社交网络的互联性与替代货币模式进行融合（虽然谁也不敢说当你读到这段文字的时候，它们是否还依然存在）。在超流体中，用户使用奎德（Quid）进行交易，根据网站的解释，这并不是美元。"它们是利益的占位符。"中心文化的货币唯恩（Ven）则被用来尝试在互相分离的虚拟货币和现实世界的商品与服务之间架起一座桥梁。人们在网络上以"本地"货币进行交易，价格按照一揽子主要的主权货币、商品和碳期货产品来计算。根据与世界上各种货币之间相同的浮动汇率，你的唯恩币可以兑换成某种主要国家的货币。比特币能够抓住人们的想象力，是因为货币供应是由一种算法，而不是官员或经济学家来确定的，而且对于比特币的发行数量还设定了一个上限：2100 万。

与之相关的两个实验是瓦菲银行（Whuffie Bank）和赛里奥斯（Serios）。

瓦菲银行尝试建立一种基于个人声誉的货币，通过衡量我们通过社交网络对其他人的影响，然后用一种算法来确定这种货币的价值。赛里奥斯是一种关注度货币，其理念是在信息过载的时代，一封负载有 100 赛里奥斯的电子邮件要比只负载有 5 赛里奥斯的电子邮件价值高。或者可以想一下脸书上面的"点赞"按钮：当有人为一篇文章、一个产品或一段视频点击这个按钮时，她就为上传者增加了一些价值数。2011 年夏天，《远景》（*Longshot*）杂志的出版商决定不再让读者使用常规的网上付费墙模式，而是要求用户用美元支付，或者将网站通过社交媒体分享给其他人。毕竟这两种做法都有价值。这种声誉、关注度或社会网络价值是否可以转兑，就像美元一样来使用？我知道，这听起来有些模糊。但是话又说回来，"我们信仰上帝"这样的话也是如此 *。

这些措施的共同大目标是实现从用户到用户的交易。这种交易不涉及政府，就像邻里之间用一把耙子来交换一些自制布朗尼蛋糕一样，不过是通过一些交易媒介，以确保这不仅仅是易物交换，而且是以一种可替代的货币进行的交易。正如作家道格拉斯·洛西科夫（Douglas Rushkoff）在接受《华尔街日报》记者采访时所说的那样，几个世纪以前，为了避免从用户到用户的交易，统治者发展并完善了集中化的货币。通过发行货币，政府为民众提供了一种用于交易的方便媒介。但是在使用政府的货币时，个人和政府之间存在一种内在的交易。洛西科夫说："人

---

* 就像在奥巴马总统签署那项现在大家都知道并无实效的债务协议之前，作家斯蒂芬·斯奎布（Stephen Squibb）在 2011 年 8 月说的那样："纵观人类浩瀚历史上的各种承诺，没有任何宗教福音、哲学理想、科学理论、法律判例、真爱证言或者憎恨毒誓会像现在的美国政府的全部信念和声誉一样，得到如此广泛而又深刻的信任。"（http://nplusonemag.com/origins-of-the-crisis）

们想要用于交易的货币，也是投机者用于从社会中抽取利润的货币。"法定货币既不利于增强政府的经济实力，也不利于促进个体之间的交易。

那么，接下来该怎么做呢？替代美元吗？这倒未必。当政府货币成为次优级选择时，我们正在见证的货币民主化能够创新货币体系，让它更加有效、更有价值。鼓励或使用替代货币并不一定是对政府发行的货币大规模否定；政府发行的货币促进实现了过去一个世纪以来令人称奇的经济繁荣。

从表面上来看，这种新货币的种种潜在幻影：脸书信用币、布里克斯顿英镑、魔兽世界金币、伊萨卡小时券、比特币、唯恩币、苹果种子（这条是我编的），可能看起来繁杂无用，可能永远也不能与无所不在、被所有人接受的美元相抗衡。人们最不愿意接受不便利的系统。但是对于这样的批判，有一种相对简单的答案：数字技术。软件可以计算出动态的货币转换，因此交易会像今天的支付一样高速便捷，甚至还会更快。

能量单位与交易媒介

我见过一种特别吸引人的货币构思，这种货币的基础是某种拥有且会永远拥有真实、恒定价值的事物，即能量。更具体一点来说，就是千瓦时，也就是我们所说的"度"。这些是电力公司计算电费账单时使用的单位：10 度电就是让 100 瓦的电灯泡点亮 100 小时需要的准确能量值。黄金可能是历史上最有名的货币，但是最终它的价值依然是基于我们对它的信心，而且那个价值不是持续不变的，因为驱动市场的反复无常的我们并不是持续不变的。

不过，在物理学家的理解中，千瓦时是恒定不变的。对于那些担心什么能够保值、担心国家货币的长期命运的人来说，能量作为货币是很有诱惑力的。我们无法确定美元或欧元在 25 年后的购买力如何，但是我们知道，我们需要给房间供暖，给电动车充电，而将来某个时刻要完成这些任务需要的千瓦时数量与今天需要的是一致的。

但是能量单位并不是可互换的。它们的状态只有两种：被消耗或被损失，你怎么可能把它们当作交易媒介来使用呢？

几个月前，我收到了一张减去几美元的电费账单。这是用于演示的一种礼物形式。来自弗吉尼亚州的化学博士、飞行员、专利律师兼发明家罗伯特·哈尔（Robert Hahl）让能量货币的想法变成了现实。哈尔告诉我："在 2006 年到 2007 年间，我对经济和金融系统的运行产生了兴趣。"这种基本的好奇心通常会驱使大部分人去读几本书，但是哈尔却决定看看自己是否能够让整个系统升级。

他开始研究千瓦卡（Kilowatt Cards），这是一种原型系统，能够将千瓦时转化成代表一定数量电力的纸片。这些卡就像礼品卡一样，可以用来支付 10 千瓦时的电力消耗。和类似于百思买（Best Buy）之类的卡相比，这些卡的不同之处在于，它们可以购买所有人都需要的一些东西，这就意味着它们可以轻松地被交易，至少在理论上而言，可以作为一种货币进行流通。

哈尔送给我几张千瓦卡，目前他在免费赠送这些卡，以促进宣传。从外观来看，这些卡是白色的名片大小的纸片，带有一个红色的标识和验证码。在一个网站输入该验证码后，卡上的金额将会作废。也就是说，一张卡只能使用一次，不过未来分发和交易这些卡以及验证的过程在网上很容易就能完成。

下面就是这种卡的工作原理。你不能把这种卡寄到你所在地方的电力局来抵消你的电费账单，但是你可以把它们寄到千瓦卡的总部，把它们兑换成现金；总部就是哈尔在弗吉尼亚的家中。这就像拿着一张金匠开的收据去店里赎回黄金一样，只不过这里换回的不是黄金，而是照明或加热用的电。哈尔安排的是用美金来支付 10 千瓦时的电费账单。如果你还不想把卡兑现成电力，你可以把卡转送给其他人来换取商品和服务。

因为在这里使用的货币是能量单位，持有它们也不会存在因为通货膨胀而损失价值的风险。我省略了哈尔的计划的很多细节，不过这些就是要点内容。而且正如你猜想的那样，要让这种制度变成现实，存在一些重大障碍：其中一种是可变成本，以任何货币为面值来计算将电力输送到不同地区的家庭和企业所需的费用；另外一个问题是限制发行。哈尔说这个问题很容易解决，他发行的千瓦时卡的数量只达到他能支付得起的"代表真正的劳动和能量"的商品销售数量，例如粮食和木柴。这听起来还不错，只是有一点儿土，但是如果这种货币未来的监督者缺少道德感，或者一个普通的老银行家抵挡不住诱惑而过量发行时，又会出现什么后果呢？

然而，哈尔的模式还是令人信服的，因为它至少试图通过一种有用的、稳定的货币来解决价值的难题，这是其他货币很少能够做到的。哈尔说："政府货币、公司股票，它们都是电子形式的，我并不是要挑剔，但是那些都是垃圾。我的思路就是，什么能让货币变得真实？"听起来也许有些异想天开，但是哈尔身上的科学家精神看到了真实世界的指标，这些指标说明他的方案并不像批评家设想的那样奇怪。哈尔说："既然人们可以互相寄送手机预付卡来进行支付，这就表明你可以用有用的东西来购买其他东西。千瓦卡可以成为价值或者货币的通用单位。"当然，关键在于让人们相信它，不是把它当作一次性的思想试验品，而是当作日常的交易工具来使用。

如果像千瓦卡或者唯恩币这样的替代货币开始使用，它们不会或者说不应该成为联邦调查局关注的问题。替代货币依然遵循基本规则，没有违反法律界限。它们看起来并不像政府发行的纸币，名字也不叫"美元"。它们也会利用可交换性来获得推动力。比如说，两张伊萨卡小时券会花费你的 20 美元。换句话说，伊萨卡小时券是具有美元价值的代金券。

迪士尼纸币听起来也许有些幼稚，但是它们也是一种替代货币。它们只在本地或者特定社区内发挥作用，而且它们的存在就是为了促进消费。如果你从迪士尼乐园离开时还没花完的话，它们就没有什么用了。另一方面，你可能不会着急把伊萨卡小时券兑换成别的东西，因为一些替代货币设计者已经实施了券内折扣，来鼓励客户使用。如果客户使用当地货币——伊萨卡小时券支付的话，当地的自行车商店或电脑工作人员可能会提供 10% 的折扣。

人们很容易认为替代货币是有限的、不现实的，或者也许有些不太正统，但是只要不陷入伪造问题，并且供应能够得到很好的控制，不出现通货膨胀（或者更糟糕的问题），它们就的确能发挥作用。

由于与银行系统的连接有限，替代货币处于不利地位。毕竟，借款也是钱，但是并没有什么债务是以唯恩币或者比特币为单位来计算的，更不要说千瓦卡了。然而，只是人们的认知以为美国政府发行机构比伊萨卡小时券流通委员会更合法，其实两个机构都为用户提供真正的货币，并且竭尽全力来明智地控制货币政策，希望能够促进增长，避免通胀。

看着办公桌上和电脑中的千瓦卡、自由美元、唯恩币和脸书信用币，我想起了数字货币专家戴夫·波奇在伦敦时跟我说过的一些话。替代货币并不是由信奉单一政治、经济甚至宗教哲学的人创建的。关于货币的新想法将右派人士聚集在一起，他们一直担心赤字开支和沉重的政府管理。像冯·诺特豪斯这样的民主主义者更强烈地反对主权货币，而进步人士则寻求建立一种货币制度，这种制度不像现在的完全消费的市场资本主义，而是更少依赖疯狂的投机活动和对自然资源的掠夺。这些创新群体和其他群体分支都在蚕食政府对货币发行的垄断权。新价值的彩虹已经逐渐呈现出来。

公众对替代货币的兴趣风潮也将原本很多不可能变为可能。比如说，电子黄金（E-gold）和黄金货币（GoldMoney）等私人货币都是网络账户，人们可以利用在公司金库中储存的金块从这些账户进行支付。类似这些业务的创始人与一群穆斯林商人合作，以电子第纳尔（中东、北非多国的货币单位）的名义在伊斯兰世界推广他们的货币。就像这种回归金本位或银本位交易媒介的一个支持者在接受《连线》杂志的记者采访时说过的，自杀式炸弹并不是对抗西方资本主义的办法。他说："你想搞得极端点儿吗？你不需要把银行炸掉，只要把你的银行账户烧掉就可以了。要做到这一点，你需要有个替代货币。"

但是，除非黄金能够以某种方式恢复它在国际货币体系中支柱地位，否则它就依然只是一种商品。拥有它就意味着容易受到它的市场价格的影响，这就让数字黄金账户成了一种新的货币方案，其实这个主意并不新鲜，网络那一部分除外。但是如果你确信货币供应过量是金融体系中的一个祸患，那么也许黄金更适合你。对于像伊萨卡小时券这样的替代货币来说，货币供应管理不善的风险依然存在，而且，一个过失或者远在纽约上州爆发的战争所导致的信心问题，也会突然导致小时券的价值暴跌。国家货币也会面临这种风险，但是那些控制国家货币供应的人员可以运用更多工具来维持货币稳定，比如说，他们能够买入价值数千亿美元的不良抵押贷款证券。

从定义上来说，本地货币在全球经济中的用途有限。除非人们开始广泛地接受它，否则当你出了当地城镇，或者想在网上购买几千公里外的公司出售的货物时，就无法使用本地货币。在超流体这样的线上货币兑换平台中，就没有这么多地域限制。如果你的交易伙伴不愿意接受你的图形设计咨询意见、特约编辑或按摩服务——这些似乎是业务产品的一大部分类型——那么在某个节点，你就不得不想办法赚到你的电力公司、房东和药店都能接受的那种货币，至少目前来说如此。唯恩币开始展示出越来越广泛的接受度，比如说有些人已经用它们购买了汽车，但是对这些项目的看法尚无定论。

衡量替代货币和虚拟货币是否越来越受欢迎的一个标志，就是有多少人将它们视为首选支付方式。就像一位分析人员在接受彭博新闻社记者采访时说的那样："我们必须停止区分虚拟世界和真实世界。虚拟世界是非常真实的。"金钱和货币不能区分为我们所描述的虚拟货币和现实货币，这跟在线头像是虚拟的、你家房顶的洞是真实的不同。货币只是人们接受的支付工具，它的合法性和全球影响仅限于人们接受它的程度。以航空里程进行支付适合那些旅行迷，就像以迪士尼纸币进行支付可能刚好符合那些打算去奥兰多度假的父母的需要一样，尤其是在主题公园使用它们可以打折的情况下。帮你修车的修理工人可能更希望你用《魔兽世界》的虚拟金币来支付，不过你们两个人缺少像如今占主导地位的交换方式那样可以无缝衔接，并值得信任的交易方式。不过，这样的交易方式快要出现了。

就美国政府主管部门而言，只要你的货币看起来和政府发行的纸币以及硬币不一样，你的替代货币的投机活动就没什么问题，不管是以能量、网络空间的商品、老式的纸张为单位，还是像雅浦岛上那样以巨大的石碑为形式。不要利用它们来隐瞒你的收入，也不要将它作为国家货币的竞争对手来宣传，尤其是当你的国家货币是美元的时候。因此，如果自由美元像伯纳德·冯·诺特豪斯所说的，是一种"私人的、自愿的、以物易物的货币"，那他为什么会面临 25 年的监禁和 75 万美元的罚款呢？

私人铸币与自由美元

1998 年，冯·诺特豪斯和一些支持者发布，不对，准确地说是"发行"了他们的自由美元，这是"一种私人自愿使用的自由市场货币，完全以金银为支撑"。该组织的一本小手册简单地进行了介绍："它是真正的金币和银币，在任何自愿接受它的地方，你都可以像使用现金一样，在杂货店、牙科诊所和加油站使用。"这种货币也是"完全符合道德、法律和宪法的"。

冯·诺特豪斯鼓吹这种具有社区意识的理想货币，促进了伊萨卡小时券等替代货币的流行，但是，这个团体的主要卖点却在偏右派的人士中很受欢迎，那就是保护个人免受美元价值缩水的影响。他们宣称，自由美元比一文不值的政府纸币更好，因为自由美元是由贵金属制成或者支持的。硬币上面印着的美元符号就像一个惊叹号，或者竖起的中指。

一天下午，我和冯·诺特豪斯在他位于檀香山的皇家夏威夷铸币厂的办公室见了一面。他的办公室在怀基基贸易中心（Waikiki Trade

Center）的七层，这座单调乏味的办公大楼离沙滩仅有几个街区之遥。他的办公桌旁边的墙上挂着一幅带框架的假美元，上面有恐龙的图像，而且字体也是我们熟悉的美元上的"美利坚合众国"的字体，印着"美利坚催眠国"，序列号则是"UOOOOOOME"。

在我到达之后，冯·诺特豪斯就立刻向我展示了一整本收藏夹里放着的因毫无价值而著名的魏玛共和国钞票。他说："你可以看看所有这些奥地利经济学家的废话，他们没有一个人提出了对现实世界有用的解决方案。我并不是一个可怕的、什么都不干的聪明混蛋。我只是一个普通人，一个想出了很棒的点子的普通家伙。而且这个点子完全是合法的！"当自由美元开始发行时，银价是每盎司 5 美元。不过，冯·诺特豪斯在他的一盎司银币上印上了 20 美元的字样。铸币提高了金属的现货价格，因为硬币更漂亮，也更易于携带。他说，他在硬币上印面值是为了给这些硬币一个"建议面值"，这样可以让人们在使用这种新奇的货币交易时舒服一些。

按照华尔街的说法，冯·诺特豪斯就是所谓的金银爱好者、贵金属价值的虔诚信徒。主流神学爱好者们坚信的理念是：将美元的价值与实际物质相脱离是一个可怕的决定。如果不把货币与有形的东西挂钩，纸币和廉价硬币的价值就像独角兽一样不真实。他们认为，黄金和白银被当作货币使用的时间那么长，以至于它们实际上就是货币了。或者用英国大哲学家约翰·洛克（John Locke）的话来说："白银本质上与所有其他东西都不同。"

很多贵金属迷们就此止步，满足于在黄金或白银上投入重金，因为他们将贵金属视为资产的安全避风港，尤其是当经济状况不佳、货币价值不稳定的时候。但是有些人走得更远。在他们看来，我们应该回归金本位制度。他们认为，仅仅受到政府承诺支持的法定货币本质上就是垃圾，借用美国前总统托马斯·杰弗逊（Thomas Jefferson）的话来说就是"货币的鬼魂"。因为政府过去无法控制体制内的货币供应，这些批评者们说"法定垃圾"总是会通过削减民众手中美元的购买力，损害民众的财富。用一个词来概括就是：通货膨胀。

在我们谈话的过程中，冯·诺特豪斯多次向我提到黄金和白银等同于"真正的货币"的理念。在他对这一观点的强调中，最让我记忆深刻的话是这样的：

"你是真的人吗，戴维？"

"是的。"

然后他指向办公桌上平摊的那些银条，就像各种大小的多米诺骨牌。

"如果我从那里拿一个银条来抽你的脸，你会怎么样？"

"出现瘀青。"

我不确定这是不是他想要的回答，不过我非常有信心我的回答是正确的。

"对的，没错。还有呢？"

"会还手？"我说。

"没错！我们生活在物质层面，戴维。市场，就是物质的。你可以在网上订购一件衬衫，但是这件衬衫依然还是得运送到你手里。"我平静地点点头，决定不跟他提起去年美国在虚拟商品上的消费额大约为30亿美元。在某种程度上，说金属、玉米或其他商品具有内在价值没有错，因为它们的市场价值永远都不会为零，还因为在现实世界中，它们中的一部分可以被吃掉、被用于制作或完成其他东西。不过它们依然是具有流动价值的货币形式，就像其他物品一样。就纸币而言，单单一个物质性并不能体现一个物品的价值。

今天的大部分经济学家都会以这样或那样的方式重复以下几位经济学家的观点：约翰·梅纳德·凯恩斯认为，金本位制度是"一种粗野的遗物"；亚当·史密斯宣称"黄金和白银是器皿，人们必须记住，它们和厨房里的家具一样"。冯·诺特豪斯和全球几百万金属迷们忽略这些观点，并且从不在意货币其实更像一个动词，而不是名词。他们依然相信贵金属是价值的化身*。

并不是说这种想法很荒谬。各国央行的黄金持有量占全世界已经开采的黄金的18%。近年来，印度、俄罗斯和其他国家的央行正在大肆购入黄金，不过世界上没有一个国家的黄金拥有量像美国这么多——8133吨，这个数字来自美国财政部，这些黄金都存放在诺克斯堡、纽约联邦储备银行，可能还存储在一些秘密地下仓库，摆放在前副总统切尼的特种部队收藏品旁边。2011年春天，犹他州将金银货币合法化，现在你可以拿着带有美国之鹰图案的1美元银币到盐湖城购买价值1美元或更便宜的东西。美国铸币局发言人汤姆·尤科斯基（Tom Jurkowsky）告诉《纽约时报》的记者："那样做的话，你就是个傻瓜。但是你可以那么做。"他说你是傻瓜的原因是，因为那种硬币含有银，它的价值已经上涨到了大约38美元。

回归金本位或者金银本位，这种反复出现的想法也许听起来有些返祖的意味，不过在你回忆起我们实施法定货币体系也才不过一个世纪，

---

* 投资大师沃伦·巴菲特极为出名的一句评价是：黄金"被人从非洲或者某个地方的土地中挖掘出来。然后我们将它融化，再挖一个洞，把它埋进去，并且付钱让人在周围保护它。它没有什么用处。任何从火星观察这种情况的人都会挠头搞不清状况"。

而且货币完全跟黄金分离也只有 40 年的时候，你的想法就会有所改变。更让人困惑的是，法定货币是世界运转的方式，然而央行自己却囤积了那么多黄金。

不过，即使那些非常关注美元和全球经济对黄金的依赖性的知名经济学家也认为，回归金本位并不是个好主意。一方面，黄金的数量并不多，这是恢复金本位的一个限制，如果我们能以比盎司更小的单位进行数字交易的话，这个限制从理论上来说就可以被克服。对金本位更为基本和更技术性的批评都与黄金缺乏灵活性有关，这种不灵活性影响了过去的经济发展。如果货币有限的话，你就不可能轻松喂饱货币供应这头猛兽。

关于金本位的另一个问题是，当经济稳步增长时，它会使物价下降。这样就让你钱包里的钱变得更加珍贵，让你不愿意把它花掉，从而出现危险的通货紧缩。关键问题不在于金本位本身是不是个古怪的想法，而在于回归金本位就类似于货币的孤注一掷。另一方面，撇开其他问题不谈，法定货币被吹捧得最多的一个优势就是它可以被用来把国家从金融危机中解救出来，这一点就很古怪，而且它也不一定是一辆能够载着我们驶入更繁荣未来的平稳的车。

在认为魏玛共和国那样的恶性通货膨胀很快就会发生的信念的影响下，人们对贵金属的崇拜和回归金本位的想法日益增强。冯·诺特豪斯认为这样的恶性通货膨胀会在一两年之内发生。货币灾难预言家很多年前就已经这么说了，但是黄金迷们坚持相信这种帝国会崩溃的愿景，就好像预言本身是个金元宝一样。话又说回来，自从 2007 年危机爆发，导致上万亿美元的价值凭空消失后，这种可怕的灾难预言再也不像诺查丹玛斯（Nostradamus）的预言那样纯属无稽之谈了。

冯·诺特豪斯最初的目标是从下面这样的信念中获利，即你手中的贵金属是唯一真正的财富，也是人们对政府敌意的持续不断的来源。（2009 年，他还开始铸造和售卖茶党美元。）他说："人们对政府不满意，但是他们不一定知道是因为什么。并不是民主党和共和党的问题，而是该死的钱的问题！就是这样，不必多说。政府在拿走钱的价值！这样会抽取社会的价值，并且在你明白过来之前，你就已经身负巨债，这意味着严重的犯罪行为。太不道德了。"

冯·诺特豪斯对法定货币的愤怒让他在面临造假指控时表现得更加无礼、更带有悲剧性讽刺意味。他说自己花了 23 年的时间才精确地设计出自由美元的运作机制。"要以一种价格不断变化的商品为基础，开发一种私人货币，你知道这有多么困难吗？"他的目标似乎非常直截了当：让这种货币免受通货膨胀的影响，并将国家从自我毁灭中挽救出来。他说："这是很重要的一步，给人们力量来控制货币管理。"

那句富有公益精神的话让人想起贝宝公司创始人彼得·泰尔（Peter Thiel）在公司创立初期对员工们说的话，当时他们正在开创一个新的线上系统，用于收发款项。泰尔声称，通过在一个网络账户存钱，人们能够在不同的货币之间进行转换。他说："腐败的政府几乎不可能用过去的那些方式（比如说，货币贬值或收取隐性税）来窃取民众的财富了，因为如果他们试图这样做的话，人们将会把钱换成美元、英镑或者日元，这样可以有效地抛弃毫无价值的本地货币，转换成更加安全的其他货币。"然而很少有人会认为泰尔是在开玩笑。

自由美元将具有经得起时间考验的有形价值的货币，即特定重量的黄金或白银，与更现代的功能结合了起来，包括会员折扣、电子自由美元以及一个神秘的机制。这个机制叫作"提升（Move Up）"机制，通过它可以保持自由美元与金属的市场价格一致，即使金属价格碰巧下跌也是如此（冯·诺特豪斯并不喜欢探讨这种可能性）。出现这种机制的原因是，如果黄金或白银的原料价格飙升，远远超出冯·诺特豪斯在银币上标注的面值的话，就没有人愿意把它们花出去。人们会囤积这些硬币，或者按照它们的内在金属价值来出售。

因此冯·诺特豪斯制定了一些特殊的规则——毕竟这是他创造的货币——通过这些规则将自由美元的价值与一个基数值挂钩。比如说，一盎司白银相当于 20 美元，这是过去一段时间内使用的基数值。如果像几年前一样，白银价格上升幅度足够大，持续时间足够长，冯·诺特豪斯就会相应地提高基数值。按照"提升"机制的规则，持有自由美元的人可以选择把他们的硬币寄回来，支付一小笔铸币费，就能把他们的一盎司 20 美元的硬币转变成一盎司 50 美元的硬币。就这样，你的财富立马增加了一倍以上。如果你不把自由美元寄回来，这实际上就等于阻止自己拿到免费的钱，同时给以后拿到你的 20 美元硬币的人一笔巨额的小费，他们会马上把硬币寄回去，好收回 50 美元的硬币。

当我问冯·诺特豪斯要是金银价格下跌了怎么办时，他的回答有些曲折回避。他说："如果货币没有价值，就不能使用。如果你不能衡量它们的价值的话，就不会用一辆汽车去换一把电锯。"我想他的意思是说，人们需要一个普遍认可的记账单位，至少目前来说，我们认为这个单位是美元。但是这并不能充分解释价格实际上下跌后给"提升"机制带来的后果。我强调了这个问题，但是这个时候冯·诺特豪斯已经开始大声谈起真正的价值和政府这只"巨型大猩猩"的问题了。

自由美元从诞生以来，就由一个叫"NORFED"的非营利性组织在运营，这个组织的全称是"废除美联储和国内税收法规国家组织"（National Organization for the Repeal of the Federal Reserve and the Internal

Revenue Code），后来更名为自由服务组织（Liberty Services）。冯·诺特豪斯是该组织的负责人，不过这种新货币组织在印第安纳州的一家商场有一间办公室，那里有几名员工负责处理硬币购买订单，并为那些想要获得自由美元存储许可的人做书面文件，凭借该许可可以获得在内华达州北部某个地方存储的黄金或白银。

新用户支付一笔费用就可以加入俱乐部，成为区域货币官员，并获得一项特权，可以用折扣价购买自由美元，比如说，花 18 美元就能买到面值为 20 美元的硬币。他们反过来会招收"合伙人"和本地商人来参与该货币体系，接受该货币作为支付工具。不过，在使用自由美元的时候，参与的商人会按照 20 美元的面值来找零，这就意味着，你花 18 美元（纸币）购买的硬币现在具有 20 美元的购买力。

在最初 5 年中，自由美元的运作并没有引起政府和广大民众的关注。在全国各地分散的社区，通常是小城镇中，这些闪亮的银币促成了交易。有多少用户在使用这种硬币，具体数字很难确定，不过冯·诺特豪斯很高兴地宣称自由美元是美国第二大流行的货币。他说，截至 2007 年，流通中的自由美元金币和银币面值高达 5000 万美元，支持者和用户超过 25 万人。不过别忘了，这些数字来源于这样一个人：他相信"9·11"恐怖袭击事件是美国政府安排的，并且相信一台神秘的"频率振荡器"能够包治百病。

尽管如此，从阿肯色州到伊利诺伊州，再到加利福尼亚州，都有市民在购买和使用自由美元。有些人之所以接受这种货币，可能只是觉得它很新奇，而且大部分自由美元的交易都跟货币叛乱没有什么关系。这些硬币看起来很庄严，一面带有自由女神的头像、"美国"和"相信上帝"的字样，另一面是则是自由火炬和很多看起来很正式、官方的文字。*
如果人们没有被外观欺骗，以为这些硬币是官方货币的话，那么他们可能是因为想要获得一点儿黄金或白银。又或者，有朋友或邻居对这种新奇的货币感兴趣，想知道这到底是什么东西。为什么不用它来交换理发服务、披萨或是一个古董灯罩呢？这样做并不会影响什么宏大蓝图，不是吗？

　　我们无从得知联邦调查局具体是什么时候最终开始对自由美元感兴趣的，不过 2004 年，冯·诺特豪斯曾经出现在学习频道（Learning Channel）的一个节目中，这个节目是在华盛顿特区的宪法公园拍摄的，刚好位于美联储办公地点的街对面。在这段视频中，冯·诺特豪斯大肆吹嘘了这种货币的银本位制度和公众支持度。他说："这样推行了 5 年之后，人们已经准备好接受这种货币了！"为了展示自由美元的实际应用，节目组拍摄了冯·诺特豪斯在一家当地三明治店的场景。他靠在柜台旁，双手合十，点了他要的三明治。

　　"你好，我想要两个火鸡瑞士三明治，再要一个火腿瑞士三明治。"

　　然后他把右手伸进裤子口袋，像魔术师一样在棕色西服外套的下面向后划了一下，然后拿出了他的钱：一枚自由美元硬币和一叠美联储发行的钞票。

　　"我有一个 10 美元的银币。"他说，一边微笑着把硬币递给女收银员。钞票留在了他的左手中。

　　他的声音有些低沉、模糊不清，不过听起来收银员似乎在说："我

---

* 硬币上面印着的"888.421.6181"和"NORFED.ORG"降低了它的合法性光环。

们不接受——这个是什么？"

"这是新版的 10 美元银币。" 冯·诺特豪斯说。

女收银员喊来了同事帮忙看看这枚硬币。

观众看到的下一个画面就是冯·诺特豪斯离开柜台，径直走向镜头，手里拿着午餐盒子。他说："就像刚才那样。每天都在使用，全美国都在使用。"*

如果说他当时是在试图激起公众反应的话，那么他成功了，并且只用了没几年时间。2006 年 9 月，美国铸币局举行了一场不寻常的新闻发布会。美国司法部已经决定，将自由美元当作流通货币的行为已经构成联邦犯罪。警告文件被寄送给冯·诺特豪斯和 NORFED 办公室的其他人员，他们又向区域货币官员和媒体宣告了这一消息。如果他们中间有任何人对他们的行为所要承担的法律后果有所担忧的话，他们当时就应该退出这项业务，将他们的宝贵资产束之高阁，就像其他投资资本或纪念品一样。

他们并没有这样做。相反，他们转而寻求一个千载难逢的好机会。2007 年秋天，罗恩·保罗（Ron Paul）在总统竞选中获得了意料之外的声势。这位德克萨斯州医生兼资深政治家对美联储制度持强硬的反对态度，正因为这一点，黄金爱好者们将他视为不折不扣的神级人物。冯·诺特豪斯将这个处于下风的总统竞选人视为推动他的事业发展、获得潜在利润，

---

* 在檀香山，我提到了这段视频，问他是否不诚实地把自由美元说成是政府发行的货币。冯·诺特豪斯仔细描述了当时学习频道那个拍摄机会是怎么来的，他是怎么跟摄制组凑巧在同一天出现在华盛顿的，然后他说不记得当时买那三个三明治的时候到底说了什么。不过他说，在用自由美元进行交易时，你肯定不想啰里啰唆解释一大堆。"收银员不想听那一堆话，在你后面排队的人肯定也不想听。"

或者二者兼有的一次机会。在这一年秋天，自由服务组织定制了数万枚铜、银、金和铂金硬币，上面印着罗恩·保罗的头像。如果说冯·诺特豪斯过去在媒体上的出镜和煽动性言论刺激了政府的话，那么这次铸造和分发带有罗恩·保罗头像的美元的决定就像是在美国财政部的眼睛里扎了根钉子。

2007 年 11 月 15 日，在印第安纳州埃文斯维尔市的自由服务组织的几个办公室内，员工们正在准备把第一批 6 万枚罗恩·保罗自由美元硬币邮寄出去。就在这时，联邦调查局和特勤局的特工们赶到了这里，终止了一切。其他特勤人员则突然袭击了位于爱达荷州科达伦的阳光铸造厂（Sunshine Minting）。这里是美国铸币局的硬币坯的主要供货商。政府从这里购买那些扁平无修饰的金属片，然后改造成合法货币。这家爱达荷州的工厂还签有合约，生产自由美元硬币，保护现场的银条，也就是那些自由美元白银证书所指的银条。那个秋天的下午，当印第安纳州办公室的电脑、现金、发票以及订单被没收的时候，爱达荷州的特工人员还带走了现场的白银、黄金和铜。据冯·诺特豪斯所说，这些金属价值超过 100 万美元。

保罗的竞选工作人员声称他们与 NORFED 或那种叛逆货币没有任何关系，但是外溢的媒体关注还是有好处的。黄金爱好者、保罗的支持者和反对美联储的人在得知 NORFED 被袭击、自由美元被查封的消息后，都受到了很大的刺激。在一次竞选活动中，保罗说，他总体上相信替代货币，并且想要废除法定货币法律，但是他并不了解冯·诺特豪斯的组

织的具体信息 *。

关于这场突袭行动的报道登上了《华盛顿邮报》的头版，但是直到一年半之后，政府才对冯·诺特豪斯及其三名同伙提出控告。他的审讯进行了很多次。堆积如山的证据、新的书面文件以及程序性的针锋相对的辩论，所有这些都有助于确保自由美元案将会耗费美国司法部巨大的时间、人力和财力成本。冯·诺特豪斯在谈到他的法律困境、被查封的资产以及禁止他铸造硬币的专门制裁时说："我这是被搁置了。"

在冯·诺特豪斯的审判开庭之前，我联系了两位专家，试图了解他们对这种情况的看法。其中一位是沃克·托德（Walker Todd），他是克利夫兰联邦储备银行的律师兼经济学家，曾经还是纽约联邦储备银行的律师。（根据记录，托德本人一直主张恢复金本位制度。）第二位专家是大卫·甘兹（David Ganz），他是一位硬币专家，同时也是美国铸币局事务的资深政府法律顾问。1974 年，甘兹有幸入选 120 人的公众参观团，得以参观诺克斯堡国家金库里面储存的金条。

托德说："很多人认为相信黄金而非法定美元的观念已经过时，这很荒唐，但是看看美联储昨天发布公告之后发生了什么。"这发生在2010 年 9 月下旬。有人暗示说，美联储很快就会向经济中注入数千亿美元的新资金，这一消息导致每盎司黄金的价格上涨了 20 多美元，接

---

* 在一封发送给"支持者"（以及好奇的记者）的简讯邮件中，冯·诺特豪斯说保罗的办公室曾在 1999 年联系过他。他说，两人的会面令人失望，不过从那以后，他们曾在三个不同场合与同一群人一起吃过饭。你还可以在网上找到一张保罗的照片，他站在冯·诺特豪斯旁边，看起来不是那么激动。冯·诺特豪斯则身着美国独立战争时期的制服，面对镜头举着一把剑。

近每盎司 1300 美元，并且很快就上涨到了 1500 美元。托德说："有些经济学家担心经济体内货币的质量和数量。冯·诺特豪斯和自由美元人士基本上都是在当时的现实基础上进行运作的，但是在他们的实践中，自由美元被扭曲了。"

托德解释说，政府控诉冯·诺特豪斯的一个论点就是：他们的整个运作就是一场庞氏骗局。用户注册的折扣、佣金、银币买入卖出的差价、可调整的基数价以及提升币值的重铸费，都存在违规操作，用检察官的话来说，就是"一场诈骗阴谋和诡计"。当然，冯·诺特豪斯极力否认了这一指控，说自由美元是一种单层级的转介系统，就像人们在自己的网站上放一个亚马逊网站的按钮，并且通过推荐销售获得极小比例的佣金一样。大卫·甘兹对此表示赞同："傻子才会相信普通人搞不清这里面的区别。"他这么说指的是人们会被诱骗，以为自由美元是政府发行的货币。

但是，托德说政府的另外一项指控可能具有更深远的影响，它涉及我们对现金和货币的理解，以及未来国家将在多大程度上允许私人对货币进行创新。说起来有些荒谬，冯·诺特豪斯的首要错误在于铸造替代货币时选用了一个非常过时的技术：铸币。其他私人货币或替代货币的发行者中很少有人会费心制作硬币，如果非要提供一些实物的话，他们也只会制作纸币。这样做可以避免跟美国铸币局纠缠，或者违反宪法关于禁止铸造钱币的明确禁令。只有政府才能铸造硬币。

不过，金属是自由美元的一大特点，尤其是当你是夏威夷皇家铸币厂的厂长，并且还是个狂热的黄金白银爱好者。甘兹说："无论按照什么定义，冯·诺特豪斯都不是造假者。"然而事实上，自由美元硬币看起来的确有点儿像美国铸币局发行的硬币，政府律师正是咬准这一点，并试图指控冯·诺特豪斯犯了伪造罪。这种情况是有先例的。1995 年，美国华盛顿特区的联邦地方法院没有接受博格斯（就是那位画纸币来做交易的艺术家）的代理律师提出的论点。尽管实际上博格斯的绘画作品从未用于诈骗，并且从来没有发挥过替代货币或竞争货币的作用，但是法官说，博格斯违反了禁止制造美国货币"相似物"的法律规定。这就是货币版本的"不要爬到我头上"。

在托德看来，如果 NORFED 只是发行自由美元银币电子版证书，它可能就不会面临法律指控了。他说："过去的私人铸币计划通常会在发行钞票时搁浅，因为他们没有黄金或白银作为支持。据我所知，冯·诺特豪斯并没有黄金或白银。"只要这些纸币看起来跟美钞完全不像，它就可能是合法的。这也只是可能，不过替代货币和竞争货币之间的界限正在变得越来越模糊。

托德说："冯·诺特豪斯在硬币上添加面值的时候就脱离了正轨。"冯·诺特豪斯也许是自找麻烦，在硬币上设计自由女神像、"相信上帝"的字样，甚至连硬币的尺寸都跟合法的美国硬币差不多。不过，硬币上的面值才真正表明了他的意图，他想让这种货币流通，并与这个国家的法定货币抗衡。更多关于这种意图的标志包括：宣传材料上写的"它是用来花的"、冯·诺特豪斯本人作品中的观点，以及在媒体上的露面，比如学习频道的节目。他个人对政府机关的敌意是否影响到执法人员，这一点尚不清楚，不过印制和出售印有"美国铸币局可以来搞我"的 T 恤可能不会给他带来多少同情分。甘兹说："他这个人惹怒了身居高位的那些人。"

该案件中引人注目的一个方面就是政府非常坚定地申明，至少在它的公诉书中是这么写的，美国财政部在货币尤其是在硬币领域拥有至高无上的权威。托德说："假如你决定私自铸造硬币，并且你十分留意不在硬币上留下任何面值或美元的标志，而且你只按照金银的公开市场价格来出售这些硬币，那这些基本上就是富兰克林铸币厂（Franklin Mint）在做的事情。"像富兰克林铸币厂这样的私人企业将它们的产品称为"徽章"或者"收藏品"。托德说："很多分析人员会说，只要那些硬币上面只标记了金属的种类，那么就是合法的。那样的话应该不会有什么问题。"

不过，随着自由美元被取缔，即使是这样的活动也可能会受到质疑。托德说："现在财政部似乎认为它拥有所有种类硬币的专有铸造权。这令人感到吃惊。"他就像看到了一项18世纪的法规被掸去灰尘，用来支撑论点一样："这好像在100年之后从储藏室里拿出你祖父的那杆老枪，并且再次用它射击一样。"

甘兹说他相信自由美元是合法的。"如果根据这项理论，冯·诺特豪斯不可以制造硬币的话，那么美国铸币局也不能这么做。"过去有几次，美国铸币局制造过未经国会授权的硬币。虽然它们很快就被废除了，但是这些本质上属于非法的货币的幕后人物，却从来都没有被当作造假者。在谈话的最后，甘兹说，这是一种恐吓，要劝阻人们不要进入货币创新这个公认的非同寻常的业务领域。"如果你有制造一种替代货币的想法，但是现在了解到这个案子之后，你还会这么做吗？在这个意义上来说，政府检察官正是为了以儆效尤。"

检察官在最初的公诉书中指出，国会拥有铸造硬币"以及规范其价值"的权力。接下来，他们说："为了国家的利益而保护和保持符合宪法的货币，国会有权限制未经国会批准而发行的货币的流通。因此，私人硬币体系与美国官方硬币竞争是违反法律的。"不过，很奇怪的是，法官决定在交给陪审团的公诉书版本中删除了这一段。这微妙地表明，也许宪法并没有限制公民私人制作他们自己的金属硬币，并用其进行交易。

也许我们应该感激政府律师对冯·诺特豪斯施以法律范围内最严厉的控告。可能像冯·诺特豪斯所说的，难道是摄入太多迷幻药让他获得了"可深入几代人信息的不可思议的洞察力"，赋予了他足够的力量来单枪匹马破坏美国经济？如果真是这样的话，就请把那个人关进笼子，取缔他那可笑的货币。我完全赞成替代货币，不管是好是坏，只要它们不会破坏我们对现有货币体系的信心就好。

国会有权限制"未经国会批准而发行"的货币的流通，这一点是说得通的，尤其是放在历史大背景中来看更是如此。在自由银行时代终结时，这项法律得以固化。为了成功实现过渡，从有无数种货币转变成只有美元的国家，国会不得不对私人发行的货币征税，这样就没有人愿意使用它们，而带有折扣的国家货币就会成为交易中占主导地位的货币。这种措施奏效了，而且法院也维护这种权力的合宪性。

但是，"为了国家的利益而保护和保持符合宪法的货币"与允许替代货币或者唯恩币和比特币这样的虚拟货币在农贸市场使用，这二者的界线在哪里？托德说："冯·诺特豪斯游走在这条界线周围，并且试图推动它做出改变。"

在与托德谈话期间，我问他，为什么政府决定在2007年突击搜查自由美元，而不是在更早的时候，比如说当冯·诺特豪斯在美联储办公地点对面的三明治店进行破坏性交易的时候？他只能把问题抛回给我："是不是有什么宣传活动迫使财政部出手？问这个问题是合理的。"

突袭爱达荷州和印第安纳州的那天，正好是数万枚罗恩·保罗自由美元硬币将要寄往全国各地的自由美元会员手中的同一天。负责在檀香山为夏威夷皇家铸币厂制造硬币的巴德·格力高里接到了爱达荷州的阳光铸造厂厂长打来的电话。格力高里知道有这么个人，不过他们从来没有见过面。他说："他有些突然地问我这边情况怎么样，我说'嗯，还好。'然后他说'那我来告诉你我们这边发生了什么事。联邦调查局和特勤局的人来我这儿搜查了。你知道是因为什么吗？'我说不知道。他说联邦调查局的人正在搜查所有跟冯·诺特豪斯有关的东西，从自由美元到夏威夷皇家铸币厂。"

格力高里没有参与铸造自由美元，因此他和他的生意没有陷入危险，而且联邦调查局也从来没有来他这里调查过。但是他依然非常震惊。他立刻就给一个朋友打了电话，这个朋友在自己的商店里出售夏威夷达拉硬币。他告诉这位朋友也许会遇到麻烦，并建议他把柜台里的那些硬币全部撤下。"我的朋友开始坚持说达拉硬币或者自由美元没有任何问题，也没有触犯法律。我告诉他，那并不是重点。'它们会变得更有价值！你要是现在卖掉，以后会后悔的。'"

果然不出所料，搜查行动过后没多久，自由美元在易趣网上的售价就达到了数百美元。一些观察家用飙升的价格来暗示政府的行动适得其反。这把人们的关注点带到了对政府货币的潜在弱点的争论上，激发了民众对罗恩·保罗的总统竞选活动捐款，并且也增加了财政部试图消灭的那些货币的价值。冯·诺特豪斯也用积极正面的口吻描述了这段故事："指控说民众被（我的货币）骗得两手空空，这真是太疯狂了。人们在易趣网上以数百美元的价格出售自由美元。他们是在自由市场上哄抬价格。它是一种自由市场货币。"

但是自由美元在网上拍卖出的高价格也对冯·诺特豪斯提出了一个

根本性问题：它们表明了，人们是把自由美元当作美国南部联邦货币或者奥林匹克胸针那样的纪念品来购买的。人们买回来不是为了花掉它们，而是为了把它们戴在斗篷上，或者跟其他纪念品一起摆在柜子里。就像哲学家格奥尔格·齐美尔说的那样，货币必须流动。"当货币静止不动的时候，它就失去了特定价值和意义，不再是货币了。"

在一同去看那台造币机时，我向冯·诺特豪斯提出了这个观点："如果人们购买它只是作为一件收藏品，而不是用来进行交易的话，它就不算是真正的货币。"

冯·诺特豪斯说："去你的'它就不是货币'的鬼话，它不流通的唯一原因就是那次该死的突袭！而且它一直都会是货币。政府可以把我关进监狱，或者让我被车撞死但是这样也不会改变一个事实，即自由美元揭穿了政府货币的谎言。"

在檀香山的一个傍晚，在结束又一场关于诺特豪斯的经济学探讨之后，我和诺特豪斯决定从铸币厂的办公室沿着海滨大道走到酒店和怀基基海滩旁边的那些商店。全球信贷紧缩、经济衰退和恢复缓慢对夏威夷经济造成了恶劣影响。当金钱紧张时，人们最先缩减开支的项目就是旅游。

然而 2010 年 10 月的这个晚上却并没有那么冷清。大批游客在餐厅门前走过，浏览着门口的菜单，或者在装有灯饰的棕榈树旁摆着各种姿势拍照，还用辛辛苦苦赚来的美元在阿玛尼、化石和路易威登等奢侈品店大肆购物。这种场景并不会让人们想到货币体系的爆炸*。另一方面，打开当天上午的《华尔街日报》，很容易就会让人想到令金银爱好者们对未来充满信心的那些预言，如"中央银行打开了塞子"，以及后面一页上的"黄金、石油导致货币贬值恐惧的接力赛"。

很难想象冯·诺特豪斯在 35 年前见到的夏威夷是什么样子的，不过完全没变过的一点就是怀基基的夏威夷皇家酒店（Royal Hawaiian）。这座粉色的酒店于 1927 开业，采用西班牙和摩尔式设计风格，这让它成为瓦胡岛所有酒店中的标志性建筑。冯·诺特豪斯说："别忘了，我在大学学的可是建筑专业。"他一边说，一边查看正对着太平洋的拱门上的华丽横梁。

我们在迈泰酒吧（Mai Tai Bar）找了一张桌子坐下，夹在当地的提奇火把和一群游客中间。很多游客都穿着新买的夏威夷衬衫。在隔壁的喜来登酒店，客人们坐在草坪上铺着白色桌布的桌子旁边，欣赏着夏威夷风情的音乐和舞蹈表演。冯·诺特豪斯提到说，这些表演的门票很贵，他很高兴我们可以像"蟑螂"一样欣赏表演了；每次当他说到不花钱得到什么东西的时候，就会用"蟑螂"这个词。

我们点了迈泰鸡尾酒和汉堡，然后冯·诺特豪斯就开始大讲特讲他的各种故事：20 世纪 70 年代初，他在夏威夷景点钻石山（Diamond Head）看山塔娜合唱团的演唱会；1985 年，他作为亲善大使出访日本；他还说夏威夷的特别之处就在于这里的所有人都是少数派。

---

* 当投资巨头贝尔斯登公司（Bear Stearns）破产，数千名华尔街交易员遭到解雇时，刚刚被炒掉的雇员走到门外的曼哈顿大街上，震惊地看着街上的所有人从容不迫地散步、购物，过着他们的日常生活，似乎对正在发生的金融大灾难毫不知情。（《纽约客》，《华尔街实录》（Wall Street Vérité），2010 年 10 月 11 日）

冯·诺特豪斯喝完鸡尾酒，又喝了一杯健力士啤酒。听着轻柔的夏威夷四弦琴音乐，他说话不再妄自尊大、冗长拖沓，开始像个上了年纪的人一样，思考着自己在这个世界上留下的印记。"我真的没有太多精力了。你知道吗？我在试着尽我所能把那些人的钱都要回来。"他说道。

他说的"那些人"指的是自由美元的投资者、参与者、支持者、入迷者和早期使用者。一位合伙人几乎把他的全部养老金都交给了冯·诺特豪斯来购买自由美元，大约 26 万美元之多，而现在他不知道什么时候才能要回这笔钱，以及还能不能要回来。另外一个热心支持者给了冯·诺特豪斯几万美金来换成自由美元。那笔钱是在突袭前一天到账的，因此冯·诺特豪斯的同事们还没来得及去购买白银。冯·诺特豪斯说："所以现在他的财产没了，白银也没了，钱也没了。"

冯·诺特豪斯 91 岁高龄的母亲则在儿子的私人货币试验中投资购买了 16000 盎司白银，大约价值 50 万美元。2010 年夏天，他被人发现违反了保释条例，铸造并出售夏威夷达拉、茶党美元和其他让他惹上麻烦的货币模型衍生物时，他不得不从母亲那里借 1000 美元，以便去北卡罗来纳州的法官那里报到，并接受他的服刑判决。（针对自由美元群体的诉讼是在北卡罗来纳州的阿什维尔提出的。）他说："我的银行账户里大概有 62 美元。我按周分期还钱给她。"他用的是夏威夷皇家铸币厂出售纪念品赚来的钱。

我说："那一定很痛苦。"

"是的。但是她相信我。所有其他那些相信自由美元了不起的人也相信我。"他说道。

近年来，尤其是在突袭行动以及终止自由美元流通的后续诉讼之后，冯·诺特豪斯就成了媒体又恨又爱的人物。他渴望这个平台，而那些给他平台的人则能够获得双重收益，既能了解他那些不落俗套的新奇想法，同时又能听他无所顾忌地表述它们。他们也喜欢离奇的故事，还有什么故事能比尝试用自制的印有"相信上帝"字样的银币来取代"真正"的货币更离奇呢？

奇怪的是，我发现自己开始欣赏冯·诺特豪斯。显然，这并不是阴谋理论，甚至自由美元本身也不是。任何时候，当有人试图大喊着说这不是骗局来向你推销某种东西的时候，你都会有些担心。美联储变戏法般地发行美元，从铸造利差中获利，以国债券的形式转移债务，这些听起来也许像个骗局，但是令人迷惑、会引起通货膨胀的体系并不一定就是骗人的。

冯·诺特豪斯声称，自由美元能够与美国货币竞争，就像联邦快递（Federal Express）能够跟美国邮政（U.S.Postal Service）竞争一样，但这种言论也是站不住脚的：虽然没有法律禁止运送包裹，但是不管多么迟钝，总有法律制约对货币的过度损害。他关于货币价值的问题令人耳目一新，但是我担心对国家货币诽谤过多，会产生一种以为能削弱它的自我满足的预言，而事实上，它可能是我们能够想到的最好的制度。而且不言而喻的是，我并不赞同回归某种古老的实体货币形式。

然而，我很欣赏冯·诺特豪斯这位梦想家。这个人决定认真审视我们的生活中最无所不在的一种元素，然后提出疑问：为什么它必须是这个样子？之后他还大胆地提出了其他想法。他的"解决方案"可能是不太寻常，但是除了他之外，还有谁会在现代货币的形式、意义和价值的问题上这么纠缠不休呢？

现在萨摩亚舞火者正在宴会的舞台上表演，冯·诺特豪斯不断越过我的肩膀来观看表演。台上那个雕塑般的舞者从腰部到膝盖上都有黑色文身，他随着音乐或旋转，或投掷，或踩脚，或拍手，手里的两只火炬一直旋转着，让人晕眩。我回头看着冯·诺特豪斯，他现在正在埋头喝饮料，舞者的火光倒映在他的眼镜上。他的眼睛里有泪光。

他说："在突袭中财产被没收的所有人，他们真的只是想为这个国家做一点好事。我只是组织的负责人。我不会向警察认罪的。这是我的最后一次狂欢。我要尽我所能地欢叫。"

当我问到他是否感觉内疚时，他迅速回到了煽动者的模式。"为什么要内疚？大卫，这个词可不好。我没有做错任何事。我已经竭尽所能表现得光明正大，政府并没有任何把柄。现在我正在尽我所能把大家的财产争取回来。"他坚持认为，他的所有支持者依然支持他和他的私人货币，而且确实很难找到有哪个自由美元的合作伙伴抱怨说他们被欺骗了。

2011 年 3 月，联邦法院宣判冯·诺特豪斯犯有阴谋罪和欺骗罪。在判决之后，该案中美国政府的首席代理律师说："企图破坏本国法定货币就是国内恐怖主义的一种独特形式。"她接着说："虽然这些反政府活动的形式不涉及暴力，但是它们同样非常阴险，并且对本国的经济稳定形成了当前显而易见的威胁……我们决定通过渗入、破坏和分解这些旨在挑战本国政府民主形式的合法性的组织来应对这些威胁。"当然，冯·诺特豪斯还会提出上诉。与此同时，联邦检察官致力于没收价值约合 700 万美元的自由美元硬币和金银条。

然而在宣判后最近一轮公共宣传中，关于政府是否太过火的问题引发了新的讨论。来自弗吉尼亚的一个新的律师团队已经自愿帮助冯·诺特豪斯提出了上诉。谁知道呢？也许这个男人真的在做一件伟大的事，也许他至少为其他人做这样的事铺平了道路。又或者他以正的方式刺激了现有体制，并且激发我们其余的人更多地思考现有体制的运作方式。在夏威夷看表演的那个晚上，他对我说："所有的政府货币都在走下坡路，大卫。他们紧咬着我，是因为他们不想有人跟他们竞争。"

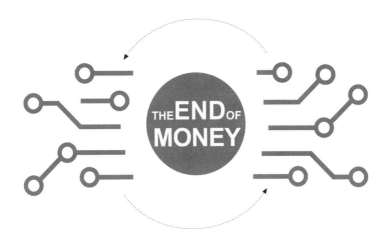

第七章

革命者

合众为一。

——美国硬币上的拉丁文格言

苏努·库玛（Sonu Kumar）在印度首都德里西边一条带有车辙的尘土飞扬的公路上开了一家电子产品维修店，店里看起来满是灰尘。摇摇晃晃的货架上摆着古董级电视机和一些外观可疑的家用录像系统、DVD播放机。库玛坐在那里，弯腰看着一张摆满零配件的桌子。

他正用一把小螺丝刀修理一台看起来已经报废的半导体收音机。然而，在他用螺丝刀拧了几下，又用钳子夹了一下后，一阵无线电的噼啪声打破了沉寂。过了一会儿，收音机里印度舞曲的旋律传到了外面的街道上。

顾客交给库玛两张皱巴巴的100卢比纸币（约合5美元），库玛接过钱装进衬衣口袋里。一直到最近，那些钞票都会像库玛的其他收入一样，被挤进那个衬衣口袋里，或是塞进楼上公寓的一个藏匿点。

库玛维修店的街对面是一家乱七八糟的药店，名字叫夏尔马药店。老板拉克拉尔·夏尔马（Lakhnlal Sharma）开处方、出售复合维生素，还卖洗发水、手机预付费卡，而且从几个月前开始，还会帮人开设银行账户。

21岁的库玛从对面走过来，跟药剂师夏尔马打了声招呼。年轻的修理师把 1000 卢比的钞票放在柜台上，掏出自己廉价的诺基亚手机，开始在上面输入几个简单的代码。过了一会儿，他收到一条信息，确认他的印度银行账户存入了 1000 卢比。夏尔马也往他的手机上输入了一些数字。现在柜台上的现金已经合法地属于他了，就像他从自动取款机取钱一样，他的银行账户就减少了 1000 卢比。就是这样，他们完成了一次交易。这显然是一次普通交易。然而，促成这种简单交易的技术却被宣称是 21 世纪对抗贫困的斗争中最有前途的一种武器。对于现金来说，它可能是死亡天使。

在西雅图的太空针塔（Space Needle）上，伊格纳西奥·麦斯（Ignacio Mas）刚刚结束与梅琳达·盖茨基金会（Bill and Melinda Gates Foundation）总部的电话。近年来，盖茨基金会已经投入了数千万美元支持一种金融创新，这种创新与华尔街最近的复杂神秘的产品没有任何关系，却跟库玛用来存入 1000 卢比的不起眼的手机程序有很大关系。2010 年 11 月，梅琳达·盖茨宣布，在认识到仅仅有方法可以存钱就能赋予人力量之后，该基金会将投入 5 亿美元，以进一步促进基础金融服务领域的这类进展。就像梅琳达·盖茨所说的那样："运用他们自己的能量、他们自己的才能来让自己脱离贫困。"

麦斯是该基金会向穷人提供金融服务项目的副主任，他的工作就是"让全世界知道现金是穷人的敌人"。麦斯生于西班牙，在麻省理工学院和哈佛大学学习了经济学。他第一次开始思考储蓄和货币各种形式之间的关系是在 20 世纪 90 年代在世界银行工作的时候。他游走于世界各地，一次又一次投身于金融危机，试图帮助各国政府重新恢复更稳定的经济基础。在工作中，他开始质疑由世界银行和其他机构的专家来评估某个国家经济健康状况的这种方式。

一个关键衡量标准就是看该国人口的储蓄值为多少。通过对比该国的储蓄总值与国民生产总值可以得出这个数值，而这很重要，因为它展示了该国的总体购买能力概况。麦斯说："但是我开始意识到，这样并不能体现哪些人在储蓄。是总人口中的83%，还是只有3%在银行有储蓄？"因为如果只有3%的话，那么民众的财务状况是极其不稳定的，即使他们总体的储蓄额非常大。

麦斯说，他并不是唯一一个持这种观点的人，在当代经济学家中，"很多人都明白，这里的1美元不等于那里的1美元。为了改善人民的福利，你需要参与银行业务，而不只是在银行存钱。"他意识到，解决如何提升参与度这个问题需要以新的思路来考虑储蓄、现金和电子货币之间的相互作用。"人们倾向于理性思考这个东西，但是它其实非常简单。穷人被困在现金中了。"这里体现了实体货币隐藏的残酷之处：有特权的人不想要它，而且能够轻易避开它；穷人不但无法避开它，而且深受它的惩罚。当你唯一的选择是现金时，你的资产就困在了物质世界。如果没有能力将现金转化成电子货币，你就完全出局了，被排除在银行业务之外，因此也就不能使用一种安全可靠的储蓄方式。

某种形式的储蓄账户并不能弥补经济资源的根本性短缺。不过在曾经一片混乱的形势下，它可以增加一些金融稳定性。这就是银行业务最人性化的一方面，尽管这在占领华尔街运动的时代听起来完全矛盾。在后金融危机时代，也许很难对金融机构持乐观看法，但是在发展中国家，简单的、无衍生物的借贷则具有非常重要的意义。单凭银行账户无法给孩子提供饮食，或者给孩子接种疫苗。然而，拥有一个安全的储蓄和交易方式则可以赋予人们力量，这是其他工具很少能做到的。

但是传统的银行业务意味着你得前往某个分行，花费时间排队等候，维持最低存款额，而你本来可以用这个时间来赚取收入。对穷人来说，所有这些要求都是不切实际、遥不可及的。根据最近一项研究结果，将各种交通、时间和费用都考虑在内，一次银行交易的平均成本是 1 美元。对我们大多数人而言，这听起来并不多，但是对世界上那些每天依靠 2 美元收入生活的 27 亿人来说，这是很大一笔钱。因此他们会坚持使用现金。（银行业务的成本和壁垒并不只是边远地区的人的问题。据估计，美国有 1800 万人没有银行账户，2000 万人依靠发薪日贷款 * 和支票兑现业务来生存。这些业务之所以存在，是因为它们的客户不得不使用现金。）

现金使穷人更穷

人越贫困，使用现金的成本和风险就越高。你认识的所有人，无论是习惯酗酒的表哥、生病的邻居，还是争强好斗的妻子，都有可能乞求你给他们几块钱，或者偷走你辛辛苦苦挣来、打算攒着给孩子当学费的钱。一场大火或自然灾害就可以让你微薄的积蓄化为乌有。而且你可能还要花费好几天长途跋涉，坐完汽车再步行，去给农村的一个亲戚送钱，或是取回他们还给你的钱。即使有网络服务，你还必须承受昂贵的转账费用，尤其是当你的钱本来就很少时，这些费用就显得尤其高昂。

在富裕的国家，金钱在大部分情况下都是以 1 和 0 的形式在某台遥远的计算机上呈现出来的银行存款。虽然支票很古老，但是就连它们代

---

* 是一种小额、短期贷款，下一次发薪日即为还款日期。

表的也是电子形式的货币。你如何花那笔钱？如果你碰巧想要或者需要现金，你可以漫步到附近的自动取款机。或者你可以使用信用卡或借记卡，因为商家一般都会配备设备，能够满足你的电子货币需求。

电子货币是我们简化商务和金融服务的必需品，它可以帮助我们增强衣食住行以外的财务稳定性：抵押贷款、小企业贷款、计息账户、健康保险、家庭保险、教育储蓄、电子商务等等。拥有这种途径是一种奢侈，而我们几乎并没有注意到这一点。

不过，像印度这样完全依赖现金的国家，游客不带现金是不现实的，除非他们打算一直窝在印度的酒店里。在阿姆斯特丹的史基浦机场等待转机去德里时，因为时差关系，我有些神志不清，但是我突然意识到，我在印度必须用现金。要乘出租车、买水、租黄包车、雇翻译、买纪念品、在历史古迹买门票，要做其中的任何一件事或所有事都需要用到实体货币。我一年之内不用现金的计划不得不暂停。

在英迪拉·甘地国际机场的入境大厅，我去了一个货币兑换窗口，在玻璃下方的灰色凹槽处放了几百美元，并要求对方给我换一些不同面额的印度货币。（作为一个游客，我预料到会遇上价格欺骗，但是没有必要因为只带大额钞票而主动招惹这类问题。）柜员递给我一沓纸币，有那么几秒钟，我被它们的面值诱惑到了。那么多个零，我感觉成了富翁。过了一会儿，汇率的现实出现了，我看到了这些现金的实际意义：让人讨厌的东西。无意冒犯圣雄甘地，他戴着眼镜、面带微笑的面庞出现在印度的所有纸币上，但是这些软乎乎的破旧纸币让我对货币卫生问题有了新的看法，就像它们的每一根纤维都体现出了这个大都市的潮湿、灰尘和汗水。

印度对现金的依赖对我来说并不便利。对当地人来说，它更具有毁坏性。民众不仅被现金永久排除在银行业务和正规经济之外，要花掉它们还得有些小窍门。这听起来也许跟信用卡效应相反，表明比起信用卡来，人们更难与现金分离。但是那些研究的调查对象都来自富裕国家，既使用电子货币，又使用实体货币。如果你是穷人，现金是最能加速流动的货币形式。

纸币的地位也一样坚挺。虽然印度的央行像其他发行货币的机构一样收取铸币税，但麦肯锡公司（McKinsey）最近的一项研究表明：如果政府能够找到一种方法，将所有对公众的支付都改成电子形式的话，印度每年将会节省220多亿美元。这样可以让印度的财政赤字减少20%，或者持续两年资助该国的主要食品援救计划，还能帮助人们节约和储蓄。

穷人需要更好的储蓄方式，因为他们的财务状况相当复杂，而且如果没有银行存款或者其他类似财产的话，几乎不可能摆脱贫困的恶性循环。农民全年的收入基本上就是一两笔钱，这意味着他们必须把收入从一次收割支撑到下一次收割。流动工人有可能获得比较频繁的收入，但是通常每笔的金额较少，而且他们的收入并不稳定，过了今天就不知道明天或者下周是否还有收入，这意味着他们也必须找到一些方法，在长时间内增加收入来源。至于不需要什么技巧的工作，虽然收入可能靠得住，但是金额依然微不足道，因此对他们来说，做好日常的资金管理非常重要，就像一年只有两次收入的农民一样。

这样的不稳定必然会导致财务状况的脆弱。人们一直在试图摆脱贫困，但是金融冲击又把很多人推回贫困的深渊。当出现意想不到的困难，比如说脚踝扭伤、摩托车坏掉、孩子生病或者洪水来袭，经济影响将会破坏一个家庭。对于还没有银行账户的数亿印度人民来说，拥有一个账户将会提供一个防范这些风险的机会。与之相反，现金如同300年前一样，依然效率低下、极不稳定。

在西雅图的时候，麦斯和我在盖茨基金会办公地点附近的一家咖啡馆共进午餐。结账时，麦斯从钱包里拿出 20 美元。我吃惊地看着他。他大笑着说："我使用现金可没有问题。"他说，现金的各种优势，比如说普遍接受性、匿名性和简洁性，都很难被打败。而且他跟我一样，都拥有可以选择的那份奢侈。

麦斯对现金的控诉其实是对它的不可兑换性以及由此带来的危害的控诉。通过鼓励让电子货币技术成为可能，盖茨基金会和其他援助组织，包括世界银行和美国美慈组织（Mercy Corps），都希望能够减少对现金的依赖，同时扩大储蓄和保持金融稳定。

麦斯说："但是关键问题就在这里。"他指的是现金的命运。如果实体货币转换成电子货币的能力足够普及的话，现金那种令人垂涎的地位就会下降。"人们就会知道他们并不需要现金。而且由于它的成本高昂，人们也不想持有它。"他们不想要现金的原因跟那些生活在较强大经济体的人们一样，那里的人不会带着一叠现金四处活动，通常也不会把一生的积蓄都放在厨房的柜子里。

阻止穷人拥有电子货币的主要障碍一直都是砖头水泥搭建的旧式银行。在过去，银行很少有兴趣满足穷人的需求，穷人的存款金额太少，而且在贫民窟和乡下开设支行从来都没有什么盈利。麦斯举起他的黑莓手机说："但是到处都有手机！"手机可以让普通大众获得金融服务，给近 10 亿拥有手机却没有银行账户的人提供服务。在不远的将来，开设银行账户将会像买菜一样简单，转账就像发送信息一样容易，随身携带现金就像怀里揣满银币四处走动一样不合理。

救世主般的手机支付

到达德里后的第二天上午，我打了一辆出租车，向西穿过总是堵得很恐怖的城市，去拜访几家提供移动银行服务的药店和商店。窗外不断涌现的各种刺激物，让我的感官都濒临超负荷的边缘。猪和刚会走路的孩子都在垃圾堆里翻找着东西；画着粗俗图案的卡车喷着尾气，响着喇叭；身穿整洁纱丽服的妇女正在往桶里舀着浑水；地面上的所有东西都蒙着厚厚的尘埃；杂乱不堪的商店里出售着椅子、烤面包、自行车和乐事薯片。除了那些被公路、破旧公寓楼、牛、拖拉机、乞丐、绿黄相间的三轮出租车、长着疥癣的狗和蹲在尘土中卖柠檬、旧鞋子和枯萎康乃馨的小贩占领的地方，新兴的中产阶级消费需求在城市的每一寸土地上涌现。一会儿香气扑鼻，一会儿又恶臭无比，各种引擎声、笑声、咳嗽声、音乐声夹杂在一起，偶尔还能听到走在十车道高速公路旁边的大象的喷气声。

几乎在我去过的所有德里街道上，都至少有一家手机充值店。在美国，大部分手机服务都是按月订购的，然而在世界的其他地方，人们像给车加油一样购买手机通话时间：给你的手机账户预存通话时间，或者充几美元话费。当你的额度较低时，你就在零售店里充值。（你也可以网上充值或者用短信充值，不过前提是你拥有某种形式的电子货币。）

在印度，真的有几百万家商店可以给手机充值。可口可乐也许是 20 世纪最成功的全球分销典范，不过新的销售大师绝对是电信公司。在不到 10 年的时间内，他们已经将手机服务和零售业务扩展到了全球最偏远的角落。现在全球大约有 46 亿手机用户，其中 80% 的新用户来自发展中国家的较贫困群体。仅在印度，手机用户数就从 10 年前的微乎其微增长到了现在的近 7 亿，而且每个月还会新增数百万用户。

对于发展中国家的人民来说，手机代表着机会。在非洲的部分地区，农民现在用手机短信接收天气预报信息，这样他们可以做出更有战略性的决策，确定种植什么作物和什么时候收割，从而获得最大化的产出。另外一项服务是通过手机为那些无法前往诊所就诊的人提供免费的医疗建议。俄亥俄州的研究人员正在尝试给手机添加配件，这样就可以用它来检测儿童的耳朵是否感染。全世界的出租车司机都可以与客户联系（我在德里时就保留了两个司机的手机号码），渔民用手机可以与买家谈判，而且人们可以及时收到关于泥石流或内乱的预警信息，确保自身安全。也就是说，只要网络不被关闭的话，这些就都能实现。

几乎一夜之间，手机就从一个连接两地通话的小东西，摇身变成了一个像瑞士军刀一样能做好事的东西。（当然，手机也会被用来做坏事。我们后面再讲这个问题。）将这样一个小东西提升到如此高度，听起来也许不够理性和稳定。然而，在调查了手机的功能提升及其改善人们生活水平的潜力之后，再对比那些不断出现的关于无甚效果的外来援助的惨淡故事，就很难抗拒这种狂热势头了。就像 2010 年《经济学人》杂志里写到的，手机已经"成为人类生活必不可少的一部分，就像鞋一样"。拥有一部手机就像是获得了一张脱贫卡一样 *

---

* 衡量手机潜在影响力的一项标准是看穷人在通信技术上面的花费有多少。根据最近的一项研究，那些能够将收入从一天不到一美元增长到一天接近四美元的人，会开始在手机上为包括健康、住房和教育在内的需求付款。纯粹的悲观主义者可能会争辩说，穷人会购买某个产品，都是因为那些花言巧语的广告，而不是因为这个产品是必需品。我相信营销的确起了作用，但是前面那种结论低估了这些从苦难中生存下来的人们的财力。如果成千上万个穷人都在买手机，那绝对不是因为他们全都被骗了。

手机最引人注目的影响也许是：附带的各种服务将手机变成了你口袋里的一个迷你银行，从而取代你对实体货币的需求。截至 2010 年，全球有 150 个移动转账或移动银行服务已经启用或准备推出。据估计，2012 年内通过手机达成的交易额将达到 2500 亿美元。仅汇款一项的金额就十分庞大，每年在家庭成员和朋友之间流动的款项接近 5000 亿美元。

在较为富裕的国家，我们已经看到星巴克和其他商家推出的手机支付工具。2011 年春天，谷歌推出了一项名为"谷歌钱包"（Google Wallet）的服务。这是一个用于支付的手机程序，在零售商的终端使用手机即可付款，不需要再用信用卡。这并不是该领域的独家首创，但是它由谷歌这样的巨头重磅推出，引起了很大的关注，并且强调了这样一个事实，即一场让我们在手机上进行更多消费的竞赛已经开始。这种迅速增长的市场将会给现金带来很大的压力。但是，正是发展中国家那些一直都很依赖现金的人们，才会给现金带来致命一击。

贫穷国家的支付革命

让开发专家们大吃一惊的早期成功故事是在肯尼亚推出的一种名为"M-Pesa"的手机服务，其中 M 代表"移动"，Pesa 在斯瓦希里语中是"钱"的意思。这是由电信巨头沃达丰集团的一家子公司运营的。你首先需要了解的就是 M-Pesa 并不是银行，而是一种类似于贝宝的转账服务，不过你不需要连接网络就能使用它。

对于肯尼亚人民来说，这种服务的好处令他们吃惊。他们不再需要坐两天的汽车，就能把钱送到住在村里的祖母手中；现在他们只需要去

23000 家连接到 M-Pesa 代理的当地商店中的任意一家，支付你想转账的现金，然后在手机上输入必要的代码，你的祖母就会收到一条信息，告诉她钱已经转到她的账户中，然后她就可以去当地的商店兑换出现金。她也可以暂时把钱"存"在手机中，或者兑换收到的电子货币的一部分，换成水果、面粉或电池。店主的账户会收到这些杂货相应的金额。

经过不到 4 年的运作，M-Pesa 的用户数量已经达到 1300 万，超出肯尼亚成年人口数量的一半。与之相比，肯尼亚传统银行业务的用户数量经过 100 年才达到 500 万。几乎每个社区都有提供 M-Pesa 服务的商店，该业务的标识出现在各处的窗户、旗帜或者砖墙上的手绘图案中。M-Pesa 系统传输的资金数额比西联国际汇款公司（Western Union）全球汇款的总额还要多。

肯尼亚央行的报告显示，现金使用量已经减少，M-Pesa 支付方式现在已经被该国的一些主要零售商和国内航空公司接受。其他肯尼亚人，比如出租车司机，一有机会就会用他们的账户收钱，这样就不用带现金了。在 M-Pesa 实验的早期，一位人类学研究人员采访了一个人，这个人在肯尼亚首都内罗毕的一头把钱存进手机账户，然后刚过四十分钟，他就在城市另一端的一个商店把钱取了出来。当研究人员问他为什么要这么做时，他说他刚才经过的地方是这个城市很危险的地段，他害怕把现金带在身上会有危险*。

这种方案的好处不仅限于个人财务。比如说，有迹象表明，它可以大幅度打击腐败。2010 年，在阿富汗中部省份瓦尔达克省（Wardak），

---

* 这位研究人员事先已经得到受访者的允许，可以跟踪他们使用 M-Pesa 的情况，然后再采访他们。

当地警察开始接受电子形式支付的月薪。发工资那天，他们通过手机查看账户时，很多人都以为工资发错了。没有人突然得到涨工资的通知，而且一下子涨薪 30% 也太反常了。但是这并不是加薪或者失误。在旧制度下，用现金发工资时，贪婪的上司会克扣一大部分，因此警察们从来都不知道他们的真实工资。（一个厚颜无耻的司令官抱怨说，他再也不能从中揩油了。）

确实，现金依然还在发挥作用。阿富汗警察跟肯尼亚农村地区的那些亲人一样，依然还要把手机上的电子货币转换成现金，这样他们才能从当地不接受电子支付的商贩那里购买商品。但是，如果越来越多的顾客开始要求使用这种支付方式，商贩很快就会接受的。别忘了，这项技术还处于起步阶段。自动取款机的想法最初出现于 20 世纪 30 年代，但是直到 20 世纪 80 年代，它才真正成为我们生活中习以为常的一部分。同样的，信用卡也经过一代人的时间才成为主流。在接下来的 10 年中，电信、应用程序和金融服务互相叠加的世界将会变得更有创意、更加融合，任何对此持怀疑态度的人都可能是吸入了太多现金迷幻剂。

虽然听起来有些与直觉不符，但是麦斯说，短时间内现金的持续存在实际上将会促进它的衰落。他说："现金是一个存在了数百年的军队，你不可能正面攻击它。你需要进行渗透。让所有人都以为你做的事情是在帮助它，因为这的确是你正在做的事情，要把它挤到农村去。"这就是移动货币能做到的事情，通过遍布全球数万甚至上百万家商店，为农村人口兑换他们从城市的亲人或客户那里收到的钱，因为财富不成比例地集中在城市。这反过来又会把业务和繁荣带到迫切需要它们的农村地区。

不过，这样也会进一步将现金边缘化。不久之后，阿富汗警察购买面包的面包店、肯尼亚农民购买种子的商店、墨西哥山区的即付即用式小诊所都会接受手机支付。比起现金支付，他们会更喜欢手机支付，原因与激怒戴夫·波奇的一样，就是现金的成本和风险太高。麦斯说，当那一天到来时，我们的钱包也许会跟投币电话一样变得过时。

人们已经开始想象未来会变成什么样子，或者至少开始预测哪个国家将会率先完全废除纸币和硬币。也许不会令人惊讶，最有可能的就是日本和韩国，因为他们国家的技术爱好者非常愿意迅速采用最新技术。在马尔代夫分散的岛屿上的政府官员也在认真考虑废除现金的问题。2004 年印度洋的大海啸将许多岛上居民一生的积蓄都卷入大海，而且马尔代夫人有时不得不花一整天的时间乘船去取现金，以购买基本的生活用品。自从 2010 年海地地震以来，海地的开发和技术团队已经在加速实施移动银行业务。泰国的央行已经公开宣称支持无现金生活。肯尼亚率先采用 M–Pesa 系统。当然，在瑞典还有银行家发起的反现金运动，这些运动得到了瑞典乐队阿巴（Abba）的信任 *。

印度人超前的数字货币意识

没有人预测印度会是第一个摆脱现金的国家。因为它太大，太多元化，而且尽管它的经济如导弹般迅猛发展，但这个国家还是太穷。然而，如果移动货币系统真的能够像支持者预测的那样帮助遏制贫困、将现金

---

* 就连索马里这样的小国家都在运营这样的项目。目前，在那里 1 美元可以换 17000 索马里先令，这些钱堆在一起像一个烤面包机一样大。就是因为这样太过荒谬，当地企业才会推出一项移动货币服务，以协助汇入汇款（以美元为单位）。这项服务在开始的 6 个月内就吸引了 8 万顾客。

边缘化的话，它们必须像实体货币一样普遍深入全国各地。麦斯说："前提是把它的规模搞得特别、特别大。""大"指的是"普遍接受"，因为如果要挑战现金，新的货币形式就必须得到普遍接受。它也指的是大生意。

如果没有巨大的运营规模，银行或电信公司就没有什么动力来投资这些项目，因为用户本身没有多少钱。如果是从用户那里收取微薄的费用，那么一万和一千万的用户是两回事。麦斯说："因为它如此庞大，需求又如此明确，印度是移动货币法则的终极证明。"如果这种技术在印度能够发挥作用的话，它的影响和长期可行性就毋庸置疑。这就到了阿布舍克·辛哈（Abhishek Sinha）大显身手的时候。

"我是现金的刺客。"辛哈在他的办公室里对我说。这个办公室位于德里的一个安静郊区。他的座位正对面挂着他的精神导师——印度教专家尼拉雅南安达·萨拉斯瓦提（Niranjanananda Saraswati）的相框。我旁边的书架上摆满了各种书籍，包括过去的《财富》期刊、关于谷歌崛起之路的书、杰克·韦尔奇（Jack Welch）的领导力课程，还有营销策略方面的书。

不久前在一家必胜客，辛哈所有的信用卡都因超额而被拒绝使用，而且当时他还是在跟心仪的女士约会。不过他现在过得很不错。2009 年，比尔·盖茨参观了他的创业公司——印度艾科金融服务公司（Eko India Financial Services）。2010 年，美国财政部长蒂莫西·盖特纳（Timothy Geithner）和《纽约时报》专栏作家托马斯·弗里德曼（Thomas Friedman）也参观了该公司。同年秋天，在奥巴马总统访问印度期间，辛哈是参加了招待会的少数印度企业家之一。

辛哈留着大胡子，是德里本地人。他 34 岁，戴眼镜，穿着一件普通的衬衣，下摆扎进牛仔裤里。他说话时带有学者的平缓语调，右手腕上戴着一串念珠，这串念珠来自印度一所有名的瑜伽学校。他的日常业务涉及软件、金融法规和反贫困，这些都不是什么高风险的秘密活动。然而他的商业术语和沉稳的决策话语背后有种严重的自以为是。

直到 1998 年，辛哈的家中才有了第一台电脑，那是他的父亲工作时使用的一台笨重的笔记本电脑。当时的家庭互联网连接要通过一台笨重的拨号调制解调器，但是辛哈立刻就对网络着迷。他注册了一个雅虎邮箱账号，每次上网都长达好几个小时。他承认，当时对层出不穷的成人内容尤其感兴趣。他说："你知道的，这是一个 21 岁的年轻人最热衷的东西。"

使用互联网也许很刺激，但是辛哈当时并没有想过要将技术作为职业来考虑。大学毕业之后，他进了一家知名制造公司工作，但是他觉得那份工作一成不变，完全没有自己的生活。因此他放弃了这份工作，并在 2000 年来到了高新企业云集的班加罗尔。

他借宿在朋友家的沙发上，接受大型技术公司安排在周末的招聘测试，并且希望能够在心生悔意之前找到一份工作。2001 年，他被班加罗尔的一家顶级企业萨蒂扬软件技术有限公司（Satyam）录用了。不过没过多久，他又有了辞职的冲动。他说："我觉得这家公司的某些方面跟我的性格不符。"

在这段时间，辛哈注意到，手机不仅能够打电话和发送即时短信，还有其他功能。他很早就准确地猜到了一点：谁能找到一种方法来为手机制作出一些有用的应用程序，谁就能大赚一笔。辛哈说："我会跟朋友讨论一些想法，我们还会开玩笑说要开发一款这样的应用，然后拿去卖。"接下来，他决定去做这件事，或者说尝试去做，尽管他还没有任何能拿得出手的东西。这就是辛哈的第二个见解：你不需要拥有一个产品才能衡量价值。你只需要创造出对价值的认知，这在当时就是信念。然后你可以努力做出产品来。

在从萨蒂扬公司辞职之前，辛哈申请到了一笔银行贷款，还申请了很多张信用卡。他跟弟弟一起开始约见高科技企业的管理人员，竭力推销他们那尚不存在的产品。最终有一家公司答应了。忽然之间，辛哈就成了一家公司的联合创始人和首席执行官，现在他们得着手设计和制作软件了。

到底要制作什么样的产品呢？辛哈说："一种是能够产生大量 SMS 信息的解决方案。"SMS 是短信息服务的缩写，是大部分人使用的文本信息联系方式。据估计，在订制手机语音服务的用户中，有 75% 的人也会用手机发送短信，而他们通常使用的就是这种技术。在这些简单的沟通背后，是网络和编程的琐碎细节，是类似数字蜂窝标准和七号信令系统这样的烦琐细节。

辛哈兄弟和他们雇佣的自由职业者很快就花完了那笔银行贷款，刷爆了他们的信用卡。在必胜客的那次丢脸的约会正值他的事业低潮期。更糟糕的是，他还低声下气地写信给银行信贷员，但得到的贷款金额却只够在蜜月期去游乐园玩一天。后来他还不得不向岳父借钱，以支付房租。辛哈说，在印度，人们不会向岳父借钱。确实就是这样。他说："但是当时我别无选择。那段经历真的让我对自我有了更纯粹的理解。"我可以肯定，他的意思是他觉得自己彻底失败了。但是，辛哈觉得每个人在同样的处境下都会这么做。他问我："如果你走投无路了，你难道不会这么做吗？"我告诉他，我不知道。我从来没有试过一边躲着一大堆债主，一边推销尚未问世的软件。

最终在 2005 年，他们当时的公司——6D 技术公司（6D Technologies）推出了面向一些客户的真正的产品。他们开始盈利，辛哈还清了贷款，并支付了员工工资；这些员工已经几个月都没有领到工资了。但是很快，企业家那种疯狂而又令人敬佩的劲头又上来了，他又冒出了抛弃舒适、冲锋陷阵的想法。不过，首先他需要一个新鲜的创意。

这个创意是由阿曼的一个客户激发的，他问辛哈是否能够开发出一款程序，可以在自动取款机或者超市收银台这样的地方给手机充值。这是个合乎逻辑的观点：如果你需要给手机充值的话，为什么要先从银行取钱，把电子货币转换成现金，然后再把这些现金交给某个人，他再把这些现金转换成另外一种形式的电子价值（这里说的是手机充值）？

2006 年初的一天晚上，辛哈在凌晨两点醒来，给他的弟弟打了个电话。他想到解决办法了！如果通过蜂窝基础设施可以给手机充值的话，为什么同样的系统不能用于其他更日常的财务交易呢？他曾经看到过关于用手机发送和接收资金的报道。但是如果能够把程序更进一步，让手机实现更多功能，让它像一个虚拟的银行出纳员一样，会怎么样呢？

他的新公司艾科公司本质上就是人们和他们的银行账户之间的中转机构。该软件让手机用户可以开立印度国家银行（State Bank of India）的储蓄账户；该银行是印度规模最大、知名度最高的银行之一。艾科公司通过转账和安全代码来实现交易，并且确保整个过程的交易数据都传输给用户本人。公司的收入来自少量的手续费，艾科公司要和电信公司共享这笔费用，因为信息要通过电信公司的网络才能在手机、艾科公司和银行之间传输。在参观德里西部的药店时，我遇到了电器修理工库玛，他说这个费用对他来说不是问题。在回答我的大多数问题时，他都看着自己的手机。他说，比起把钱藏起来或者费尽周折去银行存钱，"这么做好多了。"

正如你所知道的，金钱以信任为基础。辛哈从一开始就知道，不仅仅是印度人，世界各国的人都不会把他们的钱委托给一个不知名的初创企业。但是这个国家的 12 亿人几乎全部都知道印度国家银行，并且或多或少可能会相信它。这种声誉的东西很关键，因为这样就意味着艾科不需要假装自己是银行；它仅仅是在银行账户和使用账户的人之间建立联系，并且辛哈希望用户人数能够达到数百万、数千万甚至更多。与此同时，钱还存在银行里，就像过去的存款一样安全保险。

值得注意的是，很多企业和非营利组织正在试图为穷人提供金融服务，但是他们全都不依赖手机。盖茨基金会的麦斯、数字货币专家戴夫·波奇和数以千计的专家都相信，手机是问题的解决方案，但是它并不是全部。比如说，还有其他模式采用智能卡，你可以把它们当作驾照和芯片银行卡（芯片具有数据存储功能）的混合物。要在街头便利店办理银行业务，你只需要带上你的智能卡，就能完成类似于艾科公司那样的基本业务。问题在于，店主需要配备一个比较昂贵、看起来很像信用卡终端的读卡器。不过另一方面，在那些手机不太普及的极其偏远的世界角落，这种系统可能更安全、更可靠。

但是手机的好处令人难以抗拒。它们不要求任何额外投资，并且已经成为我们日常生活的一部分：人们知道如何通过手机来进行电子交易，因为他们拥有购买、使用和转移手机话费的经验。截至 2011 年 10 月，艾科公司已经开设了 20 万个银行账户，另外还有 80 万人使用这种服务进行汇款。这些数字听起来也许很多，但是辛哈如果要证明公司的价值，就要尽快将运营上升到另外一个层次。

虽然这种鼓励人们储蓄的模式也许很慷慨，但是艾科和其他移动银行业务活动依然还是要做生意的。一位穿着条纹西装的印度电信公司管理人员这样说道："这无关企业的社会责任或公共关系。我们只是想要得到报酬。"然而，与此同时，他又描绘了一幅没有银行网点的理想画面，描述了这项技术对他的国家以及数百万在贫困中挣扎的印度人民意味着什么。他说："落后的阶级已经挣扎了太久。每个人都应该被包含在社会中。要做到这一点，所有人都应该被引入到金融体系中。"要实现这一目标，你需要找到方法来摆脱现金陷阱。

我最后一次与辛哈一起坐车穿过德里拥堵的街道时，天色已近黄昏。我看到一个光着脚的老人骑着一辆瘪着胎的自行车在轰鸣的汽车车流中穿梭。辛哈不停地指着路边售货亭上贴着的沃达丰、巴蒂电信（Airtel）等网络运营商的标识，就像是在无数次沉默地感叹它们的存在。我眼中看到的是数不清的破旧大楼、拥挤的行人和各种混乱的状况，然而辛哈眼中看到的却是一连串交易，几乎就像他可以看到电子货币的移动一样。他说："在所有这些商店里，人们都可以给手机充值。"其他人可以用手机话费来购买商品，完全避免了使用政府发行的货币。

发展中国家正在进行的数字革命就是技术专家们所说的"跳跃式场景"。其中两个国家确实如此。欠发达的国家从来都没有良好的固定电话服务，不过这也意味着在实施和采用更先进的系统时遇到的阻力更少。现在手机已经无处不在了。

移动货币和移动银行业务也出现了同样的转变。就像我喜欢与之交谈的一位专家说的那样："这项技术的前沿阵地并不是硅谷，而是在东非大裂谷、德里西部和巴西的农村。"在西方国家，我们拥有相对方便的网上银行和充足的自动取款机。我们的财务情况不错，并没有感到太大的负担。虽然银行推出了适用于苹果手机的应用程序，减少了我们对现金的需求，这的确不错，但是实体货币的替代品对我们的意义和对穷人的意义是不同的；对他们来说，这可以改变人生。在发展中国家，大部分人并没有使用金融服务的经验，这意味着不存在什么根深蒂固的行为习惯或普通的先例。备选名单一片空白。越贫穷的国家越能跳过自动取款机、昂贵的现金管理、银行抢劫和轻松逃税等愚蠢的行为和问题，直接进入比现金更好的备选方案。

由于堵车太严重，我们不得不停下车。辛哈朝着街角一个褪色遮阳棚下的商店点了点头。那里摆满了杂志、饮料、报纸、饼干、笔、烟草和乱七八糟的各种商品。他说："我们客户的个人账户余额非常低，这就是关键所在。传统的银行网点永远都不想为这样的客户服务。但是看看现在这些商店的经济状况。在印度，糖是一颗一颗卖，香烟是一根一根卖的。"这些商店的店主想尽办法来满足民众对商品规模和价格的需求。辛哈想在银行业务和汇款方面做同样的事情，最适合为民众提供服务的位置就是他们的手机。

"为什么你说自己是'现金的刺客'？"我问他。

"看看这些人，看看他们是怎么生活的，"辛哈说，"他们一天大概只会花 3 到 5 次现金，坐车、买午饭、买日用品，类似这样的。艾科公司并不是要占领那些已经被信用卡取代的交易，我们是想拿下所有这些小额现金的交易。"

他说的是"最后的一公里"。数字货币的支持者会多次使用这个术语来表达虽然现金在很大程度上已经被取代，但是它在人们最喜欢的小额交易上似乎具有不可撼动的地位。找到一种同样值得信任、快捷、被广泛接受的交换媒介来取代现金的地位，就完成了实现完全无现金的社会的最后一公里。这个任务听起来如此吓人，很多人就认为这是完不成的，或者至少需要很长时间才能完成。

但是在辛哈看来，手机改变一切。如果人们只用手机就能从自己的银行账户把美元或卢比转到零售商的账户，他们为什么还要使用纸币呢？他说："你必须越过手机货币这个不成熟的阶段来看问题。所有人都还没搞清楚这些模式。但是我们已经看到现金被推到一边了。"

这周一开始，我就已经参观了城市周围的其他几家商店。在其中一家店，我遇到了一家文具店的店主拉维·钱丹（Ravi Chandan）。他最近开始出售艾科账户，并且通过为客户存储电子货币，换取他们的现金。德里有50万人力车夫，其中3个正在钱丹的文具店外喝茶。钱丹36岁，店里主要出售笔记本、笔、荧光笔、羽毛球拍和吸管。他告诉我，他认识几个附近的十二三岁的孩子，他们正在使用父母的账户。他们的存款额很小，每次只有200或300卢比，但是已经存了2000多卢比（约合40美元）。钱丹说："他们现在正在学习储蓄，我为他们感到骄傲。"

在我离开他的店铺前，钱丹告诉我，他认为这一切都跟现金不相干。他的几个老顾客已经开始用手机账户里的钱来购买店里的商品，在交易中完全不用涉及实体货币了。钱丹告诉我："这就是未来的样子，它已经开始运转了。"

回国后，我向人们说我们很快就可以通过短信转钱了，他们立刻就开始不安。这样的钱真的安全吗？这会不会对洗钱者和恐怖主义分子很有好处？我的交易是保密的吗？持有现金的部分吸引力就在于它一般不会从人间蒸发。它也许会被花掉、偷走，或者贬值，但是它不会消失。当金钱以电子形式来兑换和交易时，我们用什么来保证它会继续存在呢？

要说服人们相信一种技术是可靠的，总是会面临挑战。在日本，消费者早就习惯了往自动存款机里存入现金，然而在美国，很多人依然不愿意这么做，这也许是对机器不信任的文化导致的，尽管数据表明大部分银行业务的错误都缘于出纳员的人为因素。幸好，人性总是乐于创新，包括与金钱相关的创新。线上支付服务提供商贝宝曾经让人觉得很不安。通过自动取款机来进行支票汇款最初被视为有很大风险，而且一个世纪以前，持有一张存单而不是一包硬币会被视为是极其冒险的事情。

最新的技术总是很难被那些守旧、不愿冒险的人接受，即使是汽车收音机都曾经受到过激烈的反对。另一方面，当新技术带来的好处超过风险时，人们就会参与跟进。看看 M-Pesa 的 1300 万用户，他们欢迎数字货币进入他们的生活；或者再看看使用贝宝账户的近 1 亿用户。

但是依然存在关于手机和货币分类的担忧。人们之所以对此抱有怀疑态度，一个很好理解的原因就是无线网络本身。经历过电话信号不好而掉线的人都能想象得到这个原因。掉线是一回事，但是你最好不要把我的钱也掉没了。这些系统必须在设计制造时留出足够的冗余，以确保通过网络转钱的线路跟通话信号区别开来。任何暂时耽搁或错误都不能造成金钱损失或交易终断，不管问题是由你的手机、基站、艾科公司的服务器还是银行方面造成的。哪怕有一丁点儿迹象表明移动货币不如放在茶叶罐里的钱安全，人们都会拒绝使用它。这种金钱风险实在太高了，尤其是对那些本来就在贫困线上挣扎的人们来说。

但是别忘了，这些是与好处作对比的感知风险，而不是绝对风险。我们可以拿信用卡和借记卡做一个有趣的对比。虽然黑客或身份盗贼很容易渗透现代信用卡，但是账户损失不太频繁，因此客户还会不断回流。假以时日，移动货币应该也能够至少达到这种稳健的水平。

　　不过，还有另外一个值得关注的问题，那就是移动运营商在破产或决定退出移动货币业务时要保护民众的资金。银行之所以是银行，一部分原因就是规则。不管这些规则有多么不完善，它们的存在能够确保银行做出负责任的行为，这样存款人的财富才能得到保护。总的来说，法规能够给我们信心，让我们相信就算银行倒闭也没有人可以带走我们的存款。至少在美国，联邦存款保险进一步增强了这方面的信心。如果M-Pesa、艾科公司或者类似的新项目失败的话，客户的储蓄会不会也跟着付之东流 * ？

　　除了试图向人们解释为什么现金是穷人的敌人之外，麦斯的另外一项工作是让金融监管机构重新考虑银行业务的组成要素。他说："传统的观点是，央行给分支机构发行许可证。分支机构必须有保险库，而且还要满足这样那样的规格要求，玻璃要达到这个厚度，要有员工厨房，类似这样的东西。"但是，现在这些规则已经不合时宜了，因为移动技术使"无网点银行"账户成为可能，并且允许人们几乎在任何地方都可以把现金转换成电子货币，并把它发到储蓄账户。麦斯说："你在德里看到的那家药房并不是银行分行。那些商店实质上是在出售电子货币，就像出售大米一样。他们并不拥有任何东西。"

　　那些中转公司也不会持有任何东西。对于M-Pesa用户来说，肯尼亚的沃达丰分公司也不持有任何货币。M-Pesa用户的资金被集中在一家常规的老银行代管，存款保险等等措施都有。万一沃达丰集团明天破产，或者他们的高管突然决定要放弃移动货币业务，买下芝加哥小熊棒

---

* 　以主权货币计价的存款是受保护的。如果银行提供以替代货币计价的存款方式，那么它可能也不会有那种级别的保护。至少目前来说，比起唯恩币、伊萨卡小时券、比特币等等，政府发行的货币还有另外一个优势。

球队，民众的钱依然会安全地存放在银行里。使用艾科公司服务的用户也是如此：他们的钱存在印度国家银行，并且像其他银行客户的资金一样受到保护，无论艾科公司将来的兴衰变化如何。

好了，不过如果黑客决定入侵这些新的电子货币系统，会怎么样呢？任何运营软件公司的人都会坚称他们的系统可以防御黑客入侵，但是任何受过优良训练的计算机科学家都会告诉你，他们是在骗人，或者说至少撒了个小谎。没有人能完全肯定一款软件程序是绝对不可攻破的。

要想理解其中的原因，你需要深入研究像"P 与 NP"这样抽象的数学难题。用最简单的话来说，这是个速度问题。在我们的生活中，大部分数字安全防护是基于这样的前提：计算机不可能在同等长度的时间内解决所有问题，2+2 这样的简单计算与一些非常难解的方程式相比，花费的时间当然不同。别傻了。大部分数学家都确信这是个事实，但是他们还没有证明这一点。相反方面的证明可以解开无数个谜团，包括美元，它隐藏在曾经最牢不可破的网络空间中。（这种证明还会为你赢得美国克雷数学研究所的 100 万美元的奖金，因为你解开了他们提出的七个千年大奖问题中的一个。）

如果我们的生活被计算机安全的纯理论支配的话，我们就不会有银行账户，也不会觉得电子汇款很安全，更不用说在网上购物或者用机器驾驶飞机了。融入我们的生活的数字技术必须足够安全，能够满足我们的风险接受程度。移动货币依然需要增强它的安全性能，但是不应该仅仅因为人们担心自己的钱，对最新的技术犹豫不定，就期望它能做那些不可能做到的事情。

移动货币革命最棘手的问题实际上跟洗钱、恐怖主义资金和隐私有关。现在的银行被要求验证潜在客户的身份真假，通过收集类似于申请人的地址、身份证件、推荐人，有时候还需要雇主信息来进行验证。当人们申请 M-Pesa 这样的转账汇款服务或者艾科公司这样的无网点银行业务时，银行以及政府当局如何才能确保开立这些账户的人不是试图隐瞒财富的犯罪分子，或者迫不及待地开始跟同伙分配资金的恐怖分子呢？

辛哈、麦斯和其他移动货币爱好者还是非常关注这个问题的，但是他们反对无正当理由的恐惧和怀疑，以及对安全组成要素的狭隘观点。比如说，比较简单的第一步是通过限制转账金额来防止这些系统被广泛滥用。记住，目标客户是像电子修理工库玛这样的人，而不是那些已经拥有众多金融服务、避税港和先进洗钱方法的百万富翁。

不过，富有创意的恐怖分子很容易就能规避这种转账金额的限制，他们可以安排很多人把钱转给单个恐怖分子。为了避免这种情况出现，系统也可以设置在规定时间内单个账户能够接受转账的最大金额限制。软件还可以设置内部监测，以提醒当局相关可疑活动，就像有时候你的信用卡公司会联系你确认你是否真的在澳门刷卡购买了一条价值两万美元的项链一样。

这些只是确保系统合法性的一些低层次的控制措施。至于追踪坏人的问题，麦斯提醒我说，移动货币的可追踪性应该对执法部门很有吸引力。电子货币爱好者波奇更是坚定不移地表示支持："他们想要电子形式的货币。如果现在推荐使用现金的话，政府是绝对不会赞同的。"因为它是迄今为止实施犯罪和保持匿名的最便捷方式。"鼓励人们使用现金对反恐战争和反腐败斗争并没有什么帮助。"

我们在这个问题上再多停留一会儿，看看美国陆军部代理部长彼得·昆克（Peter E. Kunkel）在 2008 年的《军事评论》（*Military*

Review）上发表的文章。他详细阐述了"无现金战场上未被察觉的战略影响"。在想到战场时，你不会第一个想到这一点，但是军队需要已经被广为接受的钱。在伊朗和阿富汗，美国军队曾经使用（并且现在在小范围内依然使用）现金来购买建筑材料、地板材料、帐篷和瓶装水。他们用美元来付钱给线人，甚至还用来补偿对当地人的私人财产造成的损害。

2003 年到 2008 年期间，每年军方都用货运飞机将 150 万美元现金运到伊拉克，并用那些现金完成了至少 100 万笔支付。"将现金运输到前线和前哨基地的司令官那里，这种沉重的物流负担给空军和陆军的士兵都带来了危险。"但是这还只是开始。现在在伊拉克全境流通的美元大约为 190 亿美元，谁知道在阿富汗流通的还有多少？叛乱分子、恐怖分子和走私分子已经大量地拥有了这种世界上最广泛接受、最不可追踪的支付机制。不论你对美国军队在国外的行动持什么观点，当你得知美国军队在那里别无选择，只能交出那些可能会反过来间接困扰他们的美元时，你再怎么激动都不过分。包括昆克在内的五角大楼人员都应该极为关注对移动货币项目的推广，这种方式可以减轻这些危险，并将更多地区的商业带入正式、可追踪的经济体中 *。

是的，我提到了"可追踪"这个词。这个词不可避免地引发了关于伦理底线的问题。而且这些问题极为公平。在乔治亚州寒冷的那一天，盖斯特牧师提醒过我，现金交易的匿名性是被我们视为神圣的东西。尽管现金的现实意义不断减弱，可触知的货币和不受监控地追求幸福的自由之间的联系似乎是不可动摇的。很多人认为，这是可以保护我们不受

---

* 在伊拉克流通的数亿美元占该国国内生产总值的 20%。

营销公司和政府窥探的打扰。美国人认为我们具有不被干扰的权利，虽然在《权利法案》中并没有详细论述这一权利，但是这就是我们的一部分。

在伦敦的数字货币论坛上与维萨国际组织的一位高管交谈时，我提出了一些担忧：在无现金的世界中，人们的隐私会受到影响。她不断提醒我，钱包丢失或被盗意味着会有经济损失，不管当时钱包有多少钱，然而信用卡可以挂失或补发，而消费者也不用承担信用卡欺诈造成的费用。信用卡用户如果在家里存放大量现金，也容易被盗，并且可能会因为火灾、腐烂或者下一次的卡特里娜飓风而遭受灾难性损失。计算机上显示的 0 和 1 也许是更加抽象的货币形式，但是它们比容易腐烂的货币更持久。如果是美元的话，平均流通时间为 16 到 24 个月，然后就会被粉碎机打碎。她给出了现金不算特别安全的一个说得过去的理由，但是她也回避了我的问题。安全和隐私并不是一回事 *。

考虑到戴夫·波奇跟信用卡公司合作，他在这个问题上的观点并不是最中正的。不过他在安全网络、交易和加密方面的技术专长让他对这个问题的洞见能够提供有效信息，并且在我看来相当公平。当我向他问起这个"老大难"的问题时，他从钱包里掏出他的牡蛎卡（Oyster Card）来作为视觉辅助工具，进行说明。牡蛎卡是一种储值卡，在伦敦乘坐火车、汽车或地铁时可以使用，刷一下卡就能走，非常方便。卡"上"有钱，你坐地铁通过闸机或者登上公交车时可以刷卡，然后你的牡蛎卡账户就会被扣除相应的车费。

波奇说："如果你问别人是否愿意被登记、追查和追踪，他们当然

---

* 50 美元和 100 美元的纸币持续时间更长，流通时间在 55 到 89 个月之间，原因就是人们会存着它们不花！

会说不愿意，是当他们第一次丢卡，并且想追回卡里的钱时，他们就会看到匿名的风险，而下次他们拿到卡时，就会进行登记。人们说匿名是现金的优势，不过他们真正想要的是'隐私权'。"在牡蛎卡的例子中，你的使用数据会保存八周，反正该卡的发行方伦敦交通部是这么说的。如果你丢了卡，并且在几天之后申请补卡，你可以得到一张新卡，因为你的支付信息还有记录。

更重要的是，如果有人在地铁站犯下了严重的罪行，警察会想要了解当时都有哪些人在这个车站。有了那个八周的数据保存期限，他们就能做到这一点。按照波奇的看法，只要能够降低权力滥用，并且要出具法院执行令才能查询数据，那么这项规则就是为了避免犯罪做出的合理程度的隐私牺牲。八周之后，储存的信息就没有了。哥伦比亚大学法学教授罗纳德·曼恩（Ronald Mann）在 2010 年的电台采访中说："通过将数据匿名化，没有人能够追溯和搜索人们过去多年的信息。我认为这样是错误的，也会造成干扰。"普通消费者并不在意是否完全匿名。"对完全匿名的支付系统感到兴奋的人主要是那些违反法律的人。"他说的是比特币这个虚拟货币项目，以及监管者如果发现该项目主要被用于邪恶目的，也许会插手来采取行动。然而他说的这些也很适合现金这个话题。

移动货币和银行业务应用程序不应该在手机上保留客户信息，一旦交易完成，所有的数据都应该消失。然而如果你没有工作，却突然开始收到从也门发来的大额转账，或者如果软件检测到你的交易模式从偶尔给罗利达勒姆的商人转小额款项，变成了突然转给开曼群岛或巴基斯坦边境地区一大笔钱，那么当局也许应该采取一些方法来确保一切都是正常的。

这并不是说我们应该愉快地放弃我们的公民自由权利，但是，比如说，难道我们不想让警察打破玻璃，拿到可以追踪亚利桑那州某个持枪杀人者的信息，至少追查到他的枪支购买记录吗？个人的隐私需求和政府对信息的兴趣之间并不存在完美的平衡。我们最多能做到尝试设计出尽可能公平的系统，并做到制约与平衡。

关于隐私这个难题，要记住的另外一点是，要对我们嘴上说我们重视和关注什么，与我们实际上对这些关注的问题做了些什么进行区分。数以百万的消费者似乎并不在意亚马逊根据他们之前的购买记录来推荐其他书，或者脸书根据用户个人资料和在线活动，为用户推荐它的算法确定你可能感兴趣的广告。这些很多都是通过语义学来实现的。在一次调查中，肯尼亚人被问到他们是否想让一家大型电信公司储存关于他们的信息，并跟踪记录他们的转账汇款和收账记录，他们当然都说了不想。但是在问他们是否可以关闭他们的 M-Pesa 服务时，他们断然拒绝了。在最近的一次研究中，84% 的 M-Pesa 用户都说，失去这种服务将会对他们的生活产生"极大的消极"影响。

一些怀疑论者可能还是想知道，在无现金的未来世界，如果整个互联网或电网出现故障的话，会发生什么。难道我们不需要使用什么东西来进行交易吗？在伦敦时，波奇说："啊，是的，的确有人认为会有一名黑客将互联网击垮，好多天都不能恢复，或者如果我们通过电信网络进行大量交易时，这些网络就会成为经济恐怖分子的袭击目标。如果我要跟自己过不去的话，我就会提出这种观点。"他的这些话是对技术恐惧者和现金的热烈维护者做出适度让步。我从美国红十字会领到的灾难预防指南甚至建议家庭在应急包中放一些现金，与手电筒、罐装食品和绷带装在一起。

　　但是波奇很快又反驳了自己提出的假设。他说："看看 20 世纪 60 年代爱尔兰发生的情况。银行持续罢工，但是很快欠条就开始像货币一样流通。现在，情况也会是一样的。"就在几年前，加利福尼亚州就发行过欠条，而且在人们相信它们价值的范围内，它们还发挥了作用。万一主权货币走向灭亡的话，要取代我们非常熟悉的以国家货币计价的纸质欠条，我们可以增加使用脸书信用币、航空里程、手机话费、虚拟货币、沃尔玛购物券、唯恩币、碳排放额度、千瓦卡，甚至是我们还想象不出的未来货币，来进行交易。

　　至于完全断电导致电子货币无法使用，甚至社会完全瘫痪的情况，波奇的看法是，如果那一天真的到来，我们将会有比数字货币账户的命运更重要的事情需要担心。比如说，躲避患有狂犬病的狗和流窜的强盗，或者确保储存的食物和水的安全。假如那一天真的到来，就算把诺克斯堡储存的所有黄金都拿出来，也买不到任何有价值的东西。

　　作家科马克·麦卡锡（Cormac McCarthy）的作品《路》（*The Road*）中提到了跟《圣经启示录》一样的世界末日场景，对于我们这些不愿意面对那种命运的人来说，只能考虑接下来几十年中，现金会发生什么样的情况。我的钱在手机里，或者在名称不同、相当于现代手机的未来版本的东西里面，这个东西可能是装在口袋里或内置在腕表里的完全联网的计算机，或者甚至是戴在耳朵后面的小芯片（对不起，盖斯特牧师！）；它们就像钱包、银行网点、货币兑换器或者无缝支付工具一样，推动商业向前发展，消除现金流通的巨大成本，为几十亿人民提供一个关键的支持作用。

　　当然，我的想法可能是错误的，而且在一定程度上，我希望我说的是错的，因为这样就意味着将会出现一些不可思议的创新。如果天气预报员预报几天之后是否下雨都能错到离谱，怎么能做到合理地预测接下来 10 年或 40 年的技术发展呢？我们所知道的是，这些替代货币必须在现金本身的优势方面打败它：方便使用、可替代、广泛接受；并且它们要在现金目前的不足之处表现突出。现金正在削减中逐渐灭亡。我们只是不知道它在彻底灭亡之前，还能再经受 109 次还是 9 次削减。

下面再介绍由盖茨基金会的麦斯提出来的最后一个观点。别忘了，他对现金的担忧并不是现金本身、它的附带成本或者它是政府从民众那里得到的免税贷款。麦斯对现金不满意的地方是它的不可兑换性，以及穷人因此而支付的惩罚性代价。

在最近的一篇文章中，麦斯描述了这样一种观点："人们并不想彻底消除现金的实体性。"我虽然不赞成这种观点，但是它可能非常真实。如果现金在未来很长一段时间内将会与电子货币共存，那我们怎么重塑它，才能满足人们对实物货币的渴望，同时消除它的那些低效和危害特点呢？

几年前，麦斯灵机一动，想到了一个办法。从某种意义上来说，在他开始思考储蓄的障碍的这几年中，他一直在构建这种概念。他将其称为"智能钞票"，思考它的最佳方式就是想象一台平板电脑跟一张 20 美元的钞票融合在一起。

这种产物可能是一张钞票形状的纸，但是完全不是纸。它是一个电子显示屏，但是像一张普通的 20 美元钞票一样轻薄，可以弄皱，持久耐用。智能钞票有两种模式：当它关闭时，看起来就像电脑显示器的屏幕或者一个关闭的电子书阅读器。它是空白的，没有任何价值。当它处于激活状态时，它看起来就像一张钞票，不管发行人想要做什么，是政治宣传、公司标识、音盲设计或是其他因素，只要能表明它是一种值得信任的交换媒介就可以。

使用你的手机，你通过内置在纤维里的微小天线，就可以把钱转到这张钞票上。通过展示你从银行账户转过来的金额，这张钞票就会"变得"有价值。以 20 美元为例，那张钞票是可以用于交易的，就像你去自动取款机取出的普通钞票一样。持有这张钞票甚至可能会提高你对疼痛的忍耐度，就像现在的纸币一样。

你可以将激活的钞票交给一个商贩，换取你需要的商品。现在对方有两个选择：把它当作 20 美元收下，或者用手机（或者类似的东西）把 20 美元存到一个银行账户，这样就移除了这张钞票的价值，并且让它失效。现在显示价值的图像就不见了。这样的结果是：物质世界和电子世界立即就能转换，并且能够随时随地登录更广阔的金融系统。商家可以保留一批未激活的货币，却不用担心安全问题或者被抢劫，因为没有人会抢一个全是无价值的电子纸张的商店。另一方面，顾客可以在交易中收回现金，就像现在的人用借记卡付款时做的那样。

我依然倾向于一直向着数字化发展。伪造货币和黑客攻击最终都会造成超级钞票的问题，就像历史上出现过的所有钞票一样。但是麦斯的想法中我喜欢的部分是，它可能成为一个完美的桥梁：一个连接实体货币和电子货币的桥梁，一个连接依赖现金的当下和无现金的未来的桥梁。我还喜欢的一点是，它迎合了人类的品味和行为怪癖。智能钞票既能满足那些感觉必须拥有一些实体货币的人，也能满足那些没有这种需求的人。

两年前，麦斯在盖茨基金会的团队资助了一项关于智能钞票的初级研究，项目名称为"蓝天"，研究结果推断这种概念至少值得进行初步评估。他们安排了一些顾问来调查一些技术，例如磁性微球体、有源矩阵有机发光二极体等，并提交了关于智能钞票可行性的评估报告。

他们的结论是，这样的超级钞票不会很快问世。在结语中，研究人员写道：他们认为未来 10 年到 15 年内，不会出现制作超级钞票所需的必要材料和技术。当我看到这里的时候，我在想：10 年到 15 年？在货币技术的历史长河中，这点时间几乎算不了什么。

第八章

特使

用来取暖，带在身上，心灵未得到净化，双手未洁净，还有

什么是我没有看到的？

——吉卜林，《硬币说》（*The Coin Speaks*），1907 年

成为收藏品的硬币

克拉克马斯宴会中心（Clackamas Banquet）就在俄勒冈州波特兰市西边，连着十字路口的一家丹尼斯餐厅（Denny's）。路口还有两家加油站和一家麦当劳。九月的一个早上，天气阴晴不定，我把车停到一辆很旧的庞蒂克轿车旁边的停车位上。一位老人正在从这辆车的行李箱往外拿一个装满硬币的塑料箱子。

这次硬币和货币展在一间铺着蓝绿色地毯的房间举行，里面摆了几排长方形桌子，每张桌子上面都有一盏台灯，照着下面的商品。窗帘被拉下，以减少照射到陈列柜上的光。整齐排列的硬币让我想起了飞过码头时看到下面排列的几百辆崭新的汽车，那些汽车很快就会被运往内陆或者海外。

跟全国性的活动相比，这种地区性的硬币展规模很小。全国性的活动轻轻松松就能吸引数千甚至是数万名访客和收藏家。不过入口处的女士告诉我，这里的很多参展商每天营业额依然还能达到 1 万美元。我不是那个级别的，不过我来这里也是做交易的。一年的无现金生活结束了，我的公文包里有一个薄薄的灰色金属盒，以前用来存放幻灯片、五个旧旧的黄色柯达胶卷盒和两个三明治密封袋，现在里面装满了各种硬币。

几个月前，我的父亲把他童年时收集的硬币送给了我。这些硬币是用他十一二岁时在俄亥俄州哥伦布市送报纸赚来的钱买的。它们并不是鉴赏家眼中的收藏品，更多的是童年时代的纪念物，跟小刀和照片一样，是 20 世纪 50 年代男孩子的爱好。

当我父亲得知我正在埋头研究与实体货币的作用和命运相关的信息和观点时，他把这些硬币翻了出来并寄过来给我。他不知道的是，我打算把其中一些卖掉。我想看看，跟具有不同价值的实体货币分离会是什么样的感觉。

在不使用现金的这一年时间里，我只是偶尔遇到过麻烦。这一年我都没有让别人帮我擦过鞋。有几次，当我没有什么可给街头艺人或者当我不能给乞丐零钱的时候，我感到有些失望，虽然我们都知道这些情况下没有赢家。我还放弃了参观几个农贸市场和街头集市，因为那里的大多数商贩都只接受现金。在家附近卖柠檬水的摊点那里，我成了让那些孩子失望的人，因为我经常慢跑经过他们，却总是用同样的借口拒绝购买他们的柠檬水。

不过我住所附近的大部分停车计时器都能用信用卡交费。我不去洗衣店，而且我还很幸运地能保持收支平衡，不需要去附近马丁·路德·金大道的发薪日贷款机构那里借钱。除了在印度的那个星期，不得不用现金在新泽西转运站买票的那次，以及我稍后会讲到的在冰岛的一个晚上之外，硬币和现金几乎在我的生活中消失了，或者说至少退出了我的日常生活。（我脑子里的情况却恰恰相反，我时时刻刻都在想着它们。）我的钱包里没有任何现金，除了几张我希望能用来进行交易的千瓦卡，还有在日本讨论假币问题时，那位印刷专家送给我的礼品卡样品。现在回顾过去这一年，如果换成只能使用现金的话，我应该会过得更艰难。

反现金与硬币收藏家

在克拉克马斯的硬币和货币展上跟一位经销商足足聊了四分钟后，我才发现我父亲的收藏品并不惊艳，用货币学的艺术术语来说就是"垃圾"。这些硬币中的大部分都很常见，而且没有一枚存在出名的制造错误，不然就能提高它们的身价了。它们都处于半完好的状态，而且这些硬币全都缺少那种可以变废为宝的精彩幕后故事。我觉得我可以编一个故事："罗斯福总统和他的向导在非洲时就是抛这枚比利时硬币来决定谁去站在犀牛旁边的。"但是，如果没有可靠的书面文件来证明我的这些话，就不会有人买下它。货币收藏家辨别真伪的能力很强。

到目前为止，我都避开硬币爱好者和收藏家的话题。他们在反对现金的活动中是一个障碍，因为他们在保持实体货币方面的立场要比其他人更符合逻辑。灾难预言者、造假者、毒贩、央行行长、黄牛党、技术恐惧者、锌工业游说者，这些人全都没有非常令人信服的理由。短期来看，我们的确依然需要现金来协助某些类型的商业。在我们拥有一种或多种可靠的替代货币，能够满足目前依赖现金的劳动人民的需求之前，我不想说应该终结现金。但是随着现金的重要意义减弱，并且成本继续上涨，我们就应该考虑给它安排葬礼了。

不过，收藏家们对硬币的专业知识和深厚感情让我有些犹豫。当他们谈到实体货币时，他们会谈到雕塑、公民、市场、行业和历史的所有方面。当我期待的无现金天堂最终出现的那天，整个货币爱好者和收藏者的亚文化会发生些什么？是不是因为我对实体货币太过厌恶，对无摩擦交易和更多货币选择的追求太过狭隘，所以我都不再欣赏由物质世界支撑、由一些民族自豪感推动的那种爱好的浪漫之处了。

在冰岛之行的某一天晚上，我受邀来到安东·霍尔特（Anton Holt）的家里，与他和妻子吉莲（Gillian）共进晚餐。霍尔特是冰岛国家货币收藏协会的会长。吃着煮土豆、带酸辣酱的三文鱼和卷心菜沙拉，除了央行的工作之外，我问起了霍尔特关于硬币收藏的问题。"你听到了吗，亲爱的？"他对妻子说，像个坏人一样搓着双手。吉莲转了转眼珠说："请记录一下，我可没有强迫任何人噢。"

饭后，我们端着苏格兰威士忌走进舒适的客厅，霍尔特打开了书架上的一个雕刻精美的木盒子。这样的盒子有两个，放在几本关于印度次大陆硬币的深褐色书籍旁边。书架正对面是一台台式电脑，吉莲每天用它来在脸书上发帖。盒子里面可能有 20 个精致的木托盘，每一个都铺了一层绿色毛毡，上面摆满了稀有硬币。霍尔特很高兴地开始向我介绍。"我有一套很全的硬币，收集了从 1700 年到 1900 年这 200 年间的马尔代夫硬币。"

他用超长的小指指甲把一枚硬币从毛毡垫上拿起来，放到我的手上。他说："你以为这个指甲有其他用途吗？"每隔几分钟，我们就会换一枚硬币来欣赏。霍尔特会简单地介绍它们的历史地位。他给我看的一枚硬币来自爱尔兰，年份是 1969 年。我猜测，这个年份太近，可能没有什么意思。"仔细看。看到上面的字母'UVF'了吗？当时统一主义者在爱尔兰共和国的硬币上乱写，以此来抗议共和主义。这几个字母代表'北爱尔兰志愿军'（Ulster Voluntary Force）。"

霍尔特是收藏家中的收藏家，这个描述写出来比说出来更简单。他从 5 岁就开始收藏硬币。他说："最开始，我父亲给了我一个装有二三十个硬币的袋子，然后我就开始收集硬币了。里面就有这个硬币，来自巴勒斯坦的 5 米尔硬币。上面有 3 种不同语言的文字。提醒你一下，我当时只有 5 岁，但是我觉得那很有吸引力。我想了解更多，比如说，它是从哪儿来的？它为什么是这个样子？哪些人会使用它？"就像钞票设计师克里斯汀·索克斯多迪尔说过的那样，实体货币就像是你可以放在手上的遗产。

对霍尔特来说，实际的接触很关键。他无法忍受看到为了保护硬币免受破坏或污染而把它们放在塑料外壳里，只因为破坏或污染可能会降低它们的市场价格。（所以才会有"品相完好"这个词。）"全部的意义就在于接触。"他一边说，一边递给我一个来自贵霜帝国的拥有 1000 年历史的青铜色硬币。"如果你要收藏硬币的话，大卫，不要收藏那些你不能触摸的。要么把它们当成你的宝贝，要么就别要它。"触感是将硬币和纸币转化成护身符的东西。

从几个世纪前让马可·波罗惊叹不已的元朝纸币，到霍尔特 5 岁时让他眼花缭乱的 5 米尔硬币，实体货币可能一直都拥有这种不同寻常的力量。我把一个小小的银币放在指尖旋转了几次。因为喝了威士忌，我对那个寒冷的雨夜和我们关于爱尔兰经济磨难的对话记得不太清楚了。霍尔特带着一种夸张的确定语气说："你拿着的那枚硬币，是由达芬奇描绘、设计和制作的。他曾经拿过那枚硬币！现在，你可能无法证明这一点，但是你也不能证明不是他设计和制作的。无论如何，他可能曾经拥有过它，这个想法就是很奇妙的事情。"

那个想法就像货币本身一样。只有以实体形式呈现时，货币才能将这位雷克雅未克的硬币收藏家和达芬奇联系在一起，现在还与我联系了起来。如果现金是一种抽象概念的代表，一种社会建构的代表，那么电子货币就是抽象中的抽象，并且会不可避免地冲淡这种连接感。事实上，我不能确定当停止生产实体货币时，我们是不是会不可挽回地失去什么东西。然而我也不确定它的终结是否将会成为对传统的背叛。霍尔特说："进化是自然的。如果变化意味着不再有硬币，那就那样吧。另外，我是收集过去的硬币，又不是未来的硬币。"

除了那些硬币，我还带了一些曾经陪伴过我父亲的蓝色和绿色的硬币收藏夹到硬币和货币展。它们是由位于威斯康星州拉辛市的惠特曼出版公司（Whitman Publishing Company）在 20 世纪 40 年代出版的。这些硬币夹上还有名字，比如"印第安人头像美分：1856 至 1909 年期间的飞鹰硬币系列""巴伯、自由女神头像或摩根 25 美分硬币：1906 至 1916 年系列"，这些夹子为年轻的硬币爱好者提供了一个简单的方式来整理他们的收藏品，并开始按照系列来收集。我父亲小时候会坐公交车到哥伦布市区的硬币店，看看又来了哪些新硬币。

我小心翼翼地打开那些夹子，以免破坏它们脆弱的脊背。打开后，我看到了夹在纸板上嵌花之间的一排排旧硬币。每一枚硬币下面都有一个标签，标出了年份，有的会标出硬币的铸造地点和发行总量。1884 年的印第安人头像铜币一共发行了 2330 万枚，我的父亲获得了其中一枚，并把它放在了夹子里正确的位置。

然而，仔细检查后，我发现有些硬币的摆放位置有误，而且一些更有价值的硬币的位置要么是空的，要么放了一个来自不同年份的更加普通的硬币。我几乎可以想象出 60 年前，我的父亲脸上带着酒窝，留着短发，穿着那件复古的条纹 T 恤，我在几张他小时候的照片里见到过这件衣服。我能想象他正在把硬币放进夹子里，当硬币与夹子里的位置刚好搭配时，他露出高兴的神情，当硬币放不到里面时，也泰然自若。

在跟几个经销商聊过之后，我发现我父亲收藏的一枚 1931 年林肯头像硬币可能价值 90 美元。如果这枚硬币保存状况良好的话，它的标价会更高，不过它的等级是"一般"。我坐在一位经销商对面，他已经评估过这枚硬币。我向他承认，我现在处于金钱的困境中，在不喜欢实体货币、90 美元的巨大诱惑和抵押这些家族历史物品之间摇摆不定。

这位经销商告诉我："你爱你的老婆。你喜欢你的货币。"

虽然这句话没有在情感上打动我，但是我觉得它是合理的。我再三核对了"红宝书"的价格参考，以缓解我可能被骗的担忧，然后轻轻地取出绿色硬币夹里的这枚硬币，用它换来了 87 美元现金。现在已经没有回头路可走了。

我必须承认，这种感觉还不错。一分钟之前我还什么都没有，突然就拥有了 87 美元。而且根据经销商的建议，我也许应该用这笔钱和我的妻子去吃一顿不错的晚餐。不然的话，就做点儿没那么有趣的事情，比如说给手机充值。但是现金是可替换的。只要哪一天我们去餐厅吃饭，这 87 美元就能发挥作用，不是吗？

几分钟后，我发现自己正在跟里克·亨尼西（Rick Hennessey）进行一场友好的谈笑。他是一位枪支爱好者、气候变化否认者和硬币经销商，他慷慨地买走了我总价值 300 美元的硬币。我卖给他的硬币主要是 25 美分和 50 美分的，全部都有 50 到 150 年的历史。这些硬币的保存状态都不太好，单个估价在 5 美元到 18 美元不等。它们的价值几乎完全取决于它们的白银含量。亨尼西付给我的都是 20 美元和 10 美元的钞票。

在我这种不专业，但是现在又极度好奇的人看来，这些钞票没有一张是假币。

桌子的另一头，两个脸上有粉刺的男孩子正在查看亨尼西塑封过的2006年美国之鹰金币。不过很明显，他们只是随便看了看。我是他目前唯一的客户。

"你还有那种巴特或者摩根的25美分硬币吗？"亨尼西问道。

我告诉他，我的确还有一些，但我不愿意卖掉。

"你很喜欢它们吗？"他问我。

"这可是个价值100万美元的问题。"我说。

"你能用这些钱去做什么你更爱做的事情吗？这是个价值200万美元的问题。"亨尼西回应说。

他的生意利润率很低，至少他从我这里买硬币获得的利润是这样。而且最近生意尤其难做。过去我以为，在经济不景气的时候，人们会变卖更多资产，例如珠宝、首饰或硬币，这样他们就能得到资金来维持日常开支。而且很多人的确是这么做的（想想"我们收购黄金！"的那些招牌）。但是在2007年至2008年的经济危机期间，似乎所有人——不只是美国人，而是全世界所有地方的人——都对货币的运作方式感到疑惑，并且对它们的保值产生了担忧。当人们感到紧张的时候，他们经常会收集或囤积像货币这样的财产，人们这么做的原因跟对通货膨胀的恐惧或对本国货币的信心动摇导致对黄金的追求是一样的。如果你的硬币是黄金做的，那就再好不过了。

亨尼西说，他也许能够把50美分的银币卖出去，每个赚上一两美元，但是处理过量库存的物流费用和熔币的处理成本都会减少他的利润。当他抱怨我父亲收藏的硬币是多么平淡无奇时，他说得简直像是他在帮我的忙。

可能他的确是在帮我的忙。现在我有了将近 400 美元！我并没有一点儿卖家可能会有的懊悔情绪，还给我的妻子发了一条简短的信息："400 美元！"她也是个实用主义者，回复说："加把劲！"她也没有发送任何让我慢点儿来的警告信息，因此我就不会做什么以后会后悔的事情。当然，她没有发这样的警告信息反而让我担心起来。就为了几袋子日用品、一顿外出的晚餐和一天的滑雪费用，我就要把这些传家宝卖掉吗？也许钱真的是一个吞噬灵魂的恶魔。

不过，我并不这么想，下面就是我的理由。硬币，尤其是在硬币展上，拥有各种不同的价值：有货币价值，这是由国家设定，并由我们对它的信任而合法化的；还有内在价值，即冯·诺特豪斯珍视的 1965 年以前的硬币中的白银含量，或者是锌、合金和现在的美国硬币中添加的一点儿铜的市场价值；还有收藏家市场的价值，有些人会花钱购买那枚 1931 年的林肯头像硬币，只为完成他的某个收藏系列，或者某个经销商会四处寻找那枚稀有的罗马硬币，只为转手把它高价卖给一个痴迷罗马时代硬币的休斯敦人。

作为一名非收藏家，我并不觉得两枚外表非常相似的硬币有什么明显的区别，比如我父亲收藏的 1887 年和 1889 年自由女神硬币，或者他收藏的很多 1864 年发行的 2 美分硬币。既然这些硬币都不能卖出天文数字般的高价，突破我的这次评估和激励实验，那么它们也就没有任何特殊的相对价值。那枚 1931 年的林肯硬币比整本收藏夹的任何硬币都值钱，但是它的价值对我来说只是理论上的。我感觉不到它。

但是还有另外一种更加难以捉摸的价值，那就是个人价值。你生命中的物品对你来说有什么价值？什么因素决定了这个东西是传家宝，而那个是不值钱的玩意？只有你能说清楚。只有你能决定你愿意出钱购买哪个东西，即使面对的是一种货币，事实也是如此。

在跟亨尼西讨价还价的时候，我注意到一件奇怪的事情正在发生。在没有任何计划的情况下，我决定不出售那个系列中独一无二的硬币，或是某个类型中的最后一枚硬币了。我甚至还把这些硬币转移到了公文包里一个单独的夹层，这样就不会一不小心把它们卖掉了。这些是禁止出售的硬币。

我可能会把其中几个硬币摆在家里的桌子上，但是剩下那些纪念品可能最终会放进一个柜子，而且很有可能在接下来的 10 年或者 40 年里都不见天日。这全都看我儿子的反应。如果他对它们感到好奇的话，我们就拿出来看一看。也许我们会对着一本 2050 年的价格参考来查看它们的价值。如果他决定把它们卖掉，他得选择一下用这些钱做什么。这些收入可能会通过无线云系统瞬间进入他的银行账户，也可能会进入漂浮在他手上的全息钱包里。

我会怎么做呢？我已经决定用这笔 400 美元的意外之财带我儿子去看看他的爷爷奶奶。我想，这笔钱花得很值。

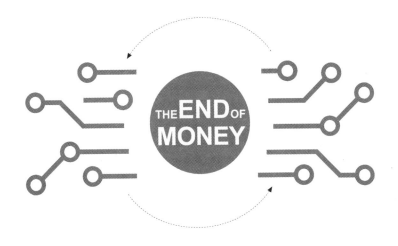

后记

休战协定

我们很少会注意到支付方式的变化，然而那些如今才 30 多岁的人，他们一生中见到的变化可能比整个货币史中出现的变化还要多。

——英国支付委员会 CEO 艾德里安·卡梅尔拉德（ Adrian Kamellard ），

2013 年 2 月

在多伦多装潢精美的德雷克酒店的熙熙攘攘的大厅里，一个名叫克罗诺克斯（Coronox）的程序员局促不安地走到讲台上。欢迎致辞和粗糙的问候视频已经播完了，现在到了颁奖环节。在这个叫作"铸币芯片挑战赛"（Mintchip Challenge）的活动中，克罗诺克斯开发的一个应用程序被评为总冠军。

克罗诺克斯在场内众多银行家、货币狂热者和创业家之中似乎显得格格不入，他体格庞大，剃了光头，穿着名牌牛仔裤，上身是有史以来最紧身的栗色弹力 T 恤。他用浓厚的加拿大法语口音发表了简短而又紧张的感谢致辞，看起来像是急着要回健身房去。

2012 年，加拿大皇家铸币厂（Royal Canadian Mint）宣布要制造一种被称为铸币芯片的电子货币。电子形式的货币并非首创，但是铸币厂坚持声称这种货币和现金并无区别。它的价值被储存在据说很安全的芯片中，可以直接用于交易，和网络世界的现金一样。就像纸币和硬币一样，你可以用它来交易，同时不会泄露任何个人信息。它的交易速度可能更快，而且跟现金一样，没有使用限制。

举个例子，试想一下，一家线上杂志想向读者收取一分钱的文章阅读费。如果这个支付过程与恐龙一样庞大的信用卡网络建立起联系，需要的各种费用得通过中介机构才能完成，那这个建议就不会太有吸引力。如果读者有一种更简便的向杂志社转账的方式，会怎么样呢？如果你作为一名读者，不需要担心一笔汇款会留下电子记录，情况是不是会更不一样了呢？或许你不想让你愤怒的自由派伴侣知道你在看保守派的福克斯新闻，或者不想让担任采矿业领导的兄弟了解到你向某个环保团体捐款。超市结账、交停车费、交学费、小额贷款——电子货币的使用范围没有界限。

在我最初为本书所做的调查中，以及在它出版之后一年中所做的更多调查中，关于支付、货币、交易安全和银行业的各种新奇观点不断地出现在我的书桌上。保持对所有信息的了解是不可能的，但是因为种种原因，某些事实会吸引我的注意力。在铸币芯片这个实例中，事件主体跟事件主题同样重要。毕竟，电子货币的各种尝试有很多失败的案例。

即使铸币芯片失败了，该方案也能说明货币正在进行着重大的改变。一个多世纪以来，皇家铸币厂负责制造加拿大硬币；最近，它还为除了加拿大之外的很多其他国家铸造货币。理论上来说，它是典型的古板派现金卫道士，而且人们会认为它是现金的坚定捍卫者。然而在这个案例中，恰恰是实体货币的制造者在创新地引入一种的新的货币形式，并使用了"比现金更好"的宣传语。

这个案例最开始的时候，他们采取了"众包"*的模式。他们举办了铸币芯片挑战赛，这个比赛旨在告诉全世界的技术专家（或者说，至少

---

* 众包是指一个公司或机构把过去由员工执行的工作任务，以自由自愿的形式外包给非特定的而且通常是大型的大众网络。——编者注

是加拿大的技术专家）：看，我们有一个很酷的想法，但是我们并不拥有所有的答案，给我们展示一下有哪些可能性吧。这样的话，开发人员可以提供一些关于这个想法的使用场所和使用方式的应用程序，从而帮助铸币厂官员探索铸币芯片的可行性。

尽管克罗诺克斯在聚光灯下极不自在，但是整个现场有种不可思议的东西，包括社交上的尴尬感觉在内。这让我想到，能够带来未来电子货币的突破性进展的人，可能不是央行行长、易趣高管或者政府密码专家，而是大部分人从来没有听说过的技术人员，他们会在加拿大魁北克、美国得梅因或者印度新德里的某个角落，通过代码来实现这一切。停下来想象一下他们的样子，他们安静地敲打着键盘，梦想着改变世界。我相信他们中的一些人应该会实现这个梦想。

这本书从来都与货币无关。当然，纸币和硬币的历史令我着迷。而且，仔细观察实体货币在未来经济中的角色也是这本书的基本前提。然而在这个过程中，这个项目变成了对价值魔力的沉思：它从哪儿来？我们如何创造它？我们用来衡量和进行价值交易的工具，以及这些工具的演变将如何改变我们的生活方式？

当我开始建立论点，想要证明现金时代已经或许应该渐渐消失的同时，我变得越来越不在意它是否真的会消亡，或者只是被进一步排挤到边缘地带。比（完全）无现金社会这个问题重要得多的，是正在削弱现金效力的这些趋势造成的社会和经济影响。

在这些影响中，最重要的一点是人们享受金融服务会更加方便。废除现金能够让大多数人，尤其是穷人受益，然而这种说法饱受争议，隐私拥护者尤其反对。但是我试图表达的观点是，我认为对电子货币的乐观主义与对个人隐私的担忧并不是水火不容的。

与此同时，对于格伦·盖斯特牧师这样的人来说，每一周都会出现更多坏消息。在本书出版后的一年内，现金受到了连续的冲击。欧元区国家正在致力于限制现金支付，加拿大不再制造分币，比特币风靡一时，其单位兑换价格从 2012 年初的 4 美元一路飙升到 2013 年 4 月的 250 美元。对移动货币的狂热持续发酵，支付行业初创公司 Square 对现金大开杀戒，最近刚与星巴克签署了一份巨额协议。爱荷华州居民现在可以通过一个被称为 Dwolla 的在线支付服务来交税，该公司由一位 20 多岁的年轻人创立，他敢于挑战信用卡巨头。与此同时，美国政府宣布要通过电子网络来分发联邦福利。还有，除了极少数例外情况，我们几乎已经不能再使用支票了。

接下来又出现了 1 万亿美元白金硬币的提议。2012 年的年底，美国出现债务危机，立法委员以及被他们煽动的民众，提出了关于美国财政部是否应该利用法律漏洞，铸造 1 万亿美元的硬币来摆脱一大部分债务的争论。天哪，为什么不干脆造出 15 万亿美元硬币，一劳永逸地摆脱全部债务呢？

当诺贝尔经济学奖得主保罗·克鲁格曼表示支持此硬币计划时，这个主意开始显得没有那么荒谬了。克鲁格曼辩论说，也许这个主意有些奇特，但是并不会比一开始导致这场危机的不当管理更加奇特，更不要说没有提高美国的贷款限额了。突然之间，美国公众都至少开始思考了货币制造的魔力，并且开始在谷歌搜索"铸币税"这个词的意思。

在那场短暂却又激烈的辩论进行时，我也收到了一些读者的来信，他们急切地指出：硬币削弱了无现金乌托邦的想法。我从来都没有无所顾虑地幻想无现金未来的前景，更没有宣称那是个乌托邦，不过他们的观点还是挺有道理的。在所有事物中，实体货币会把我们从金融世界的末日中拯救出来吗？不过我有些犹豫，不想和大多数人想的那样，把假设的1万亿美元硬币与"现金"画上等号。这个硬币本应该被用于财政部与美联储之间的单次交易，而不是用于促进日常商务活动。细想一下，它有点儿像今天的分币：它们被用了一次之后，大部分时间都被闲置。无论如何，财政部并没有上钩，1万亿美元白金硬币的想法很快就进入了美国金融史的机密纪事录。

至于纸质货币，为了提高纸币安全性，新的100美元纸币计划公布以来，已经快3年了，却依然被搁置 *。不过，关于整个混乱局面，我们了解到了许多细节的信息。2010年夏天，美国印钞局质检员开始注意到，由于原料纸张上有一个折痕，从大型凹版印刷机出来的纸币上都有一小块空白。由于某种原因，纸品供应商科瑞恩公司的棉麻基片在印钞机中被挤压时，没有完全保持平铺状态，造成了一点小褶皱，就像你不小心熨到衬衣的褶皱处造成明显的折痕一样。

最初的调查什么都没有发现，但是最终他们将注意力集中到了用于制作精美的3D移动特征的棉线上。当纸张在正常情况下通过印刷机时，会受到100多吨重的压力。由于这种压力，纸张尾端会轻微伸展。在肉眼看来，1美元纸币是个长方形，但是在现金鉴赏家看来，它是个梯形。出于某些原因，提供动态特征的棉线更为僵化，阻止了通常很灵活的纸张的流畅伸展，造成了纸币的褶皱。

为了弄清楚我们的货币到底出了什么问题，美国财政部总监察长办公室于2012年进行了审核，在审核结果中进行了严厉的批评：

---

* 本书初版于2012年问世。2013年底，美国正式发行了新版100美元纸币，纸币上增加了许多防伪特征。——编者注

> 我们认为新版 100 美元纸币的延迟发行的原因是生产失误，该失误本可以避免，但是由于没有及时发现，现在已经造成了成本增加。我们发现印钞局未能严格执行以下操作：（1）在开始全面制作新版 100 美元纸币前，进行必要的测试，以解决技术问题；（2）对新版 100 美元纸币项目执行全面的项目管理；（3）对已经印制完成但美联储不接受的大约价值 14 亿美元的新版 100 美元纸币的处理工作进行恰当的、全面的成本效益分析。

该报告还解释说，被称为跨部门货币设计小组、由货币制造者和防伪造警察组成的特别部门在最后一刻对新一代 100 美元纸币的安全特性进行了改进，这进一步削弱了之前的测试效力。在褶皱问题被检测出来之后，科瑞恩公司花了一年的时间才向财政部提交了关于其材料变更的相关文件。这种客户服务速度算不上迅速，不过作为政府的唯一供应商，它还是有一些额外福利的。

这 1100 亿与世隔绝的美元现金，其中只有一部分有缺陷，并且我们依然不清楚它们的命运。总监察长办公室给出了三个选项：（1）整个批次全部撤销；（2）找到一种方法来自动分拣合格与不合格的钞票；（3）"在更高品质的新纸币已经流通了若干年之后，原样流通这些纸币"——因为公众就是那么蠢。

目前来看，第二个选项似乎胜出了。印钞局，以及总是在背景中出现的科瑞恩公司，正在购买一种技术解决方案。在 FedBizOpps.gov 网站，你可以发现标题为"单一钞票检测系统"的征求建议书，要寻找能够"检测保险库中的新版 100 美元纸币”的技术。你有绝妙的自动化分拣方案吗？可以联系他们噢。

在未来，哪些方面值得密切关注？当然是移动，或者说将来我们可以称之为移动的任何东西。我很好奇，什么时候我才能用谷歌眼镜来购买东西，甚至访问银行账户啊？

当然，我也会关注比特币这样突然爆红的货币。本书面前几章描述的很多现象依然还在促使人们买进这种新型数字货币，尤其是对主权货币和似乎在不断增加的货币供应量的焦虑。但是比特币的迅速成为了主流话题，这种速度就连我都大跌眼镜。对了，我最喜欢的关于这个话题的作者之一是《美国银行家》（*American Banker*）的一位编辑。我最近看了一份报告，报告主要讲了欧元区公民如何把自己的钱兑换成一种他们认为长远来看更加稳定的货币。文章中说，过去投资者们可能会购入美国财政部发行的债券，或者瑞士法郎。但是现在，他们都转向了比特币。

2012 年秋天，似乎无处不在的发布平台 WordPress 宣布将开始接受比特币。该公司的一项声明解释了做出这项决定的原因：单是贝宝就限制了 60 多个国家的访问，很多信用卡公司也有了类似的限制。有些国家被限制是因为政治原因，有些是因为欺诈率较高，有些则是因为其他财务问题。不管出于什么原因，我们都不认为来自海地、埃塞俄比亚或肯尼亚的单个用户应该因为他们无法控制的支付问题而导致访问缩减。我们的目标是帮助人们获得机会，而不是限制他们。

记住，创新和维持一种货币的技巧就是告诉人们这种货币的价值，从而说服他们。无论你对比特币持何种看法，这种魔法的效力都在持续发生着作用——用户们正在注册加入。尽管如此，但我并不是说，这种货币真的就代表了重大变革即将到来。更准确地说，它加速了货币创新的发展趋势，并且因为公众对国家货币之外的其他选项的渴求而变得更强烈。如果比特币灭亡的话，很快就会有其他东西取代它的位置。

至于我们的支付方式，如果一切的移动化都变成常态，还会出现什么不一样的方式吗？几个月前我在波兰，当地有些咖啡店的咖啡香味浓郁到沾染到你的衣服上，并持续数周不散。在其中一家这样的咖啡馆，我见到了克里斯·特索（Chris Teso）。

2012 年，特索创办了一家名叫 Chirpify 的公司。很多货币与技术协作的关注者们都对一个叫作社交化商务的想法很好奇。这个想法很直接：人们在脸书、推特和 Instagram 这样的社交网络中花费大量时间，他们应该在那里进行交易活动。但是这跟那些不带个人色彩、干扰你体验的广告无关，而是更多地和浏览社交网络和线上聊天有关，最重要的是与你自身相关。

如果你在推特上看到你最喜欢的乐队推出的新专辑，你需要先退出推特，然后登录 iTunes、亚马逊或者其他服务平台。这样的购买方式太不灵活，如果还要输入信用卡信息的话，就更麻烦了。特索想让你能够通过发布一条简单的推文就能购买那张专辑。（别担心：打错字不会让你意外买下一辆新车。）

最初，Chirpify 获得了大量关注，因为绿日乐队等明星使用该平台来出售他们的周边 T 恤。2013 年冬天，美国运通公司推出了一项服务，听起来与 Chirpify 公司的服务极其相似，不过用户的操作步骤比 Chirpify 的简洁一半。特索认为这种威胁恰恰验证了他的公司正在做的业务很有前景。

由于我的这本书与 Chirpify 对金融交易的前瞻性观点存在协同作用，我们决定做个试验。我的这本书将成为我们所知道的第一本直接通过以上方法在推特销售的书。我们先销售纸质版，然后销售电子版。

虽然我们在为期四天的试验中没有达到极高的销量，但是这个试验还是成功的，因为我们从中了解了关于社交化商务的大量信息。参与其中的消费者极为热情，这种简单的一键购买方式能够吸引那些技术狂热粉丝。

不过还有一个变量是在事后思考时才浮现出来的：线上互动的脆弱性。人们在社交网络上分享内容，因为希望其他人看到内容会觉得有意思。通过发布你认为有价值的东西，你在试图增加自己在推特世界中的贡献价值。推特从本质上来说就是自我营销和推广，上面的所有人都在推销自己。

不过，这跟公开销售某个商品在性质上是不同的。幽默可以起到催化作用，或者说你希望它能有所帮助，但是在社交媒体上直接销售就有些奇怪，甚至粗俗。我在伦敦的一个机智的记者朋友在推特上这样写道："作为一个能写出这本书的人，@davidwolman 轻松得令人难以置信地就让你把钱交给了他。"

我依然相信社交化商务是我们的数字化命运的一部分，它将会变得既强大又有用。但是，Chirpify 或者它的后继者们如何在不过多扰乱社交媒体体验的情况下成功实现这个目标，谁也说不准。

这本书出版后不久，我就不得不面对一个尴尬的事实：我 3 岁的儿子对硬币极为着迷。他一开始说的是"小圆钱"这个词——肯定是在幼儿园学的，因为家里没有人会提到这个词。接着是"神奇的硬币"，最近又学会了"财宝"。就在前两天，在我去上班前，他还给我了一枚硬币，说："爸爸，这个财宝你可以带着去上班，但是你一定要把它带回来，好吗？"

好的。

在创作本书的过程中，我以为我已经面面俱到了，承认可接触的货币的特殊性是有很多原因的，主要是因为怀旧和传统。然而我却没有意识到，人们对硬币的独特光芒、形状和感觉非常喜爱，就像藏在我们心中的那个 3 岁的孩子被唤醒了一样。所以此刻，我这个主张让现金消失的人，正装了一口袋硬币在我家周围走来走去，偷偷地把它们放在人行道上，等着我儿子来发现。

最近有一天，当我这样散步的时候，我想到了铸币芯片挑战赛的颁奖之夜，还有后来成为主要景点的一个物品。颁奖那天上午，我看着武装警卫护送这件物品进入大厦，他们从渥太华坐着装甲车抵达，然后从车上卸下一个箱子，里面有一块披萨大小的超大号硬币。他们用便携式起重机把硬币从箱子里取出来，放到展示架上。

这块枫叶金币重 200 多磅，由地球上最纯净的金子打造而成，面值为 100 万美元，不过当时的实际金属价值超过 700 万美元。2007 年，加拿大皇家铸币厂制造了一个这样的金币，用于宣传推广，但是由于有感兴趣的买家询价，他们又制造了四块同样的金币。（我在想象一个神秘的沙特王子抬起双脚，搁在了用其中一块枫叶金币充当的咖啡桌上。）

那天晚上在多伦多的庆祝活动中，嘉宾们排着队去近距离观察那块金币，并与它合影留念。不过，持枪警卫说不允许触碰那块金币。第二天早上，一位铸币厂官员告诉我，那块珍贵的金币将会被空运到东京，在另一场与货币或者黄金相关的活动上展示。她补充说，给它投保比运送它还要复杂。

那块金币给在场嘉宾施加的魔法让我感到震惊。的确，这不是一块普通的金属盖子。然而那天晚上我们齐聚一堂，目的是为电子货币创新者鼓掌喝彩，赞美他们的作品能够带来的经济和社会效益。至少在那几个小时里，难道我们就不能假装那块珍贵的金属没什么特别的吗？显然不能。

我依然期待着未来出现移动钱包。然而我也知道纸币或者硬币给人一种独特的财富感觉，没有什么技术能够完全废除这种感觉，而且这样也许并不是什么坏事。

致谢

在写这本书时，我真的得到了许多人的帮助。我想要对书中提及的每一个人都致以最深的感谢：感谢他们的时间、耐心和建议。感谢他们在查阅资料、添加注释、后勤保障、研究指导、文本编辑、鼓励以及难能可贵的指正方面提供的帮助。他们是：

亚伦·埃姆斯特（Aaron Emst）、亚当·罗杰斯（Adam Rogers）、仓田一郎（Aiichiro Kurata）、艾梅·盖斯勒（Aimee Geissler）、艾伦·库普茨（Allen Kupetz）、安德鲁·施特克尔（Andrew Steckl）、安迪·乔丹（Andy Jordan）、阿尼尔·卡卡尼（Anil kakanii）、安妮·玛丽·迪斯泰法诺（Anne Marie DiStefano）、安东尼·埃芬格（Anfhony Effinger）、阿斯特丽德·米切尔（Astlid Mitchell）、卡尔森·次布里斯（Carlsom Charmbliss）、卡罗尔·B（Carol B.）、夏洛特·韦伯（Charlotte Webb）、科尔特·沃里斯（Coert Voorhees）、丹尼尔·劳瑟.（Daniel Lowther）、戴维·艾布拉姆（David Abram）、戴维·蒂德马什（David Tidmarsh）、戴安娜·科伊尔（Diane Coyle）、艾钠·巴尔德温·斯蒂芬森（Einar Baldvin Stefansson）、埃里克·延森（Erik Jensen）、埃里克·斯坦纳（Erik Steiner）、弗雷德里克·赖默斯（Frederick Reimers）、格伦·伍德（Glenn Wood）、格雷格·拉斯托夫卡（Greg Lastowka）、汉纳斯·冯·伦斯伯格（Hannesvan Rensburg）、希瑟·瓦克斯（Heather Wax）、海达尔·古迪约森（Heidar Gudjonsson）、詹姆斯·格兰特（James Grant）、简·S（Jan S.）、杰森·贾雷尔（Jason Jarrell）、吉姆·布鲁尼（Jim Bruene）、吉

姆·罗森伯格（Jim Rosenberg）、乔纳森·卡弗（Jonathan Carver）、乔纳森·李伯（Jonathan Lipow）、乔舒亚·戴维斯（Joshua Davis）、朱利安·史密斯（Julian Smith）、卡比尔·库马尔（Kabir Kumar）、卡哈·本度基泽（Kakha Bendukidze）、凯瑟琳·沃斯（Kathleen Vohs）、基拉·巴特勒（Kiera Butler）、李·伍·范德（Lee Voo van der）、路易斯·爱德洛拉（Lewis Iadarola）、利亚纳·麦凯布（Liana McCabe）、丽莎·卢瑟福（Lisa Rutherford）、马克·皮肯斯（Mark Pickens）、马克·鲁宾逊（Mark Robinson）、玛尔塔·佩雷特（Marta Peiret）、马特迪尔（Matt Dill）、马泰奥·基安波（Matteo Chiampo）、迈克尔·林顿（Michael Linton）、迈克尔·萨尔莫尼（Michael Salmony）、玛德哈·巴尔加瓦（Mugdha Bhargava）、尼哈·梅赫拉（Neha Mehra）、尼克·休斯（Nick Hughes）、尼克·麦肯齐（Nick McKenzie）、奥克利·布鲁克斯（Oakley Brooks）、奥拉维尔·伊斯雷夫松（Olafur Isleifsson）、帕拉巴·密特拉（Pallab Mitra）、保罗·柯林斯（Paul Collins）、保罗·梅金（Paul Makin）、彼得·菲什曼（Peter Fishman）、罗尔斯·摩尔（Rawls Moore）、丽贝卡·克莱仁（Rebecca Clarren）、里克·S.（Rick S.）、理查德·希克斯（Richard Heeks）、罗伊·韦拉（Roy Vella）、鲁德·范·雷内塞（Ruudvan Renesse）、沙扬·巴德汉（Shayan Bardhan）、席勒·桑塔纳（Shelle Santana）、沙福亚·雷迪（Shravya Reddy）、沙亚娜·巴塔查里亚（Shrayana Bhattacharya）、塔玛·迈尔（Tamar Mayer）、蒂姆·默多克（Tim Murdoch）、蒂姆·维斯泰能（Tim Verstynen）、汤姆·弗格森（Tom Ferguson）、汤姆·杰夫罗（Tom Zeffiro）、瓦伦·班杰亚（Varun Bangia）、维里蒂·W（Verity W.）、前田佑希（Yuki Maeda）。

感谢我的经纪人贾尔斯·安德森（Giles Anderson），感谢 Da Capo

出版社的编辑利萨·沃伦（Lissa Warren），感谢我所有的朋友们，以及我的家人。

最后，感谢斯宾塞（Spencer），他是一个非常出色的孩子；还有妮古拉（Nicola），感谢你为我付出的一切，我爱你。